U0738589

本书获得"中央高校基本科研业务费专项资金"资助

力量的形而上学

马克思创造性生存理论的现代维度

吴旭平◎著

ZHEJIANG UNIVERSITY PRESS
浙江大学出版社

本书提要

　　力量，德语为 kraft，英语为 power，意指事物存在的维持者与变动者，与事物的本质（ousia）一起成为存在之所以"在"的原因。关于本质的思考成为理性主义形而上学，自柏拉图开始一直延续到现代哲学和自然科学，逻各斯中心主义是西方传统哲学的基础和特征，是西学中的显学。那么，关于对事物的维持者与变动者的思考就是一条非常隐晦的非理性主义的发展线索，我们姑且命名为力量的形而上学。因为在古希腊，力量一直被当作与思想共在的方式组成了希腊人的世界观，我们可以从神话、诗歌和风俗礼仪中看出这种希腊文化的特色。柏拉图主义发展的历史实际上是理性逐渐脱离力量独立发展的历史，逻各斯自行构成本质，逻各斯自行发展出变化的规则（赫拉克利特说的活火），那么这种变化其实质是理念形式的变化而非真实运动，所以理性主义跌入形式僵化的危险境地，越来越远离真实世界的根基。本书试图从两千多年的西方哲学史中清理出一条关于"力量"的非理性主义线索，从意志主义到生命哲学到身体哲学，这种非理性主义并不意味着或此或彼、颠三倒四的混乱结构，相反，它比理性主义更注重知识基础的自明性。通过对知识化进程和科学主义的批判，证明现代理性主义的虚弱性；通过对希腊"表象化思维方式"的论述为希腊思想澄清误解，并指出了主观主义和客观主义分立的开端。对哲学上的两次"颠倒"的阐述，分析了马克思的哲学革命究竟在何种意义上被承认。马克思的创造性生存理论在何种意义上继承了力量形而上学的传统，在现实中被马克思所批判的资本作为一种异化的统治力量的发展及其出路。本书在政治上抨击了自由主义、西方民主制度，经济上反对自由放任政策，文化上反对后现代主义。本书共分六个部分：

　　第一章论述古希腊社会的力量形而上学。从希腊神话开始，希腊神性的基础是力量而不是道德。希腊英雄是具有强力的人类。希腊社会包括雅典和斯巴达城邦的尚武精神。奥林匹克运动会是对自身力量的确证和对神性的靠拢。希腊艺术和希腊哲学对力量的重视。接着论述力量的转变和思的起源:"雅典娜的转变"预示着力量开始成为智慧。"逻各斯"的采集作用使智慧成为了现实。希腊智慧是通过"表象化思维"得以展开的,这是一个真正"思"着的澄明境地。独立的思考产生了独立的意志,亚里士多德的意志观影响深远。

第二章叙述中世纪近代哲学家思想中的意志主义。经院哲学对意志自由的解读,近代理性主义哲学特别是莱布尼茨详细阐释了欲求力的能动作用。叔本华公开批判了黑格尔的理性主义形而上学并开创了意志哲学,尼采敢于站出来用箴言的方式道说意志的本质,而马克思的哲学革命颠倒了一个本已颠倒的世界,于是他不自觉地恢复了真正的希腊思想传统。

第三章论证力量的本体论。首先,运用现象学方法证明意志的客观有效性,在事物中的客观性,最后论证意志在存在层面的本质是力量。其次,用一组逻辑综合推理证明力量本体存在;再次,在生存论和逻辑意义上分析力量的本性:生存论的分析中看出力量支撑起"存在"在世基本结构,乃是存在的本质所在。从思想之渊源上来说,力量的本性就是真理要求存在必然存在的那个负担。逻辑学中力量的本性并非在一成不变的静止状态中,而应当理解处在不断运动中、不断地开展自身又不断地返回自身的过程。最后,依据日常理解的时间、空间和时空交叉规定作为分析途径:力量拓展了事物存在的位置;力量作出生存的有终性时间之筹划;时间筹划使得空间性的"在场"得以可能;空间性的位置之去远定向决定了时间。最后一个小节是对力量现状的描述,和我们的理想模型相反,力量一直被知识化的趋势造就了时代的虚无主义,而科学主义以一个新上帝的身份垄断了我们对世界的真正认知。应当唤醒那个原初力量重新作为我们的生存基础和最高价值。

第四章阐述了马克思的创造性生存理论,其中包含四个特征:(1)能动的自由;(2)现实的劳动力量;(3)生机主义;(4)历史主义。创造性生存理论是马克思所有思想体系中的一部分,并不是说马克思的理论是非理性主义的,而是说马克思在整体理性主义的框架内带有意志主义和生命哲学的成分。

第五章阐述了创造性生存理论的现代维度。首先是作为弗洛伊德主义的"力比多",作为一种原始的性欲成为分析人的所有行为的动机。其次是作为身体哲学。庞蒂把身体看作反抗笛卡尔主义的根据地,将身体演绎成生存的基础。然后是福柯对现代性的解读,现代性是一种强制性的规训力量。然后是德勒兹对哲学的解读,将生成概念链接成为无器官的身体,将单个的欲望组装成机器在同一平面内赋予其意义。阿甘本别具一格,将潜能等同于非潜能,意味着他对生命本质的重新思考。尼采对现代心理学作了猛烈的批判,希望建立"强力心理学",本章专门辟出一节对尼采心理学思想作出发挥。第七节叙述的目标是恢复力量与德性的始源关系。因为本质的追求力量才得以成为强力,因为心灵高尚的追求一般品质才得以成为德性。最后分析了马克思的伦理学说的矛盾以及产生原因。第八节是力量美学。证明"美"的本质十分困难,所以本节只能论证美的基本特征就是能引起人的愉悦感。根据力量的状态分为静态美和动态美,即优美和崇高。将优美分为自在的优美和自为的优美,指出马克思的"劳动创造美"只适合自为的优美。将崇高也分为自在的崇高和自为的崇高,指出真正的力量美学是自为的崇高。末尾对一个新词"暴力美学"作了一些哲学反思,并指出这种美学形式还处于起步阶段。

　　第六章大致论述了马克思之后的力量发展史,主要是资本力量的发展史。第一节从政治角度指出,民族国家、极权主义,社会主义都以不同的方式对资本力量的统治作了集体式抗争,并总结这些抗争的经验。资本力量变得更加成熟和理性,转而在文化和心理领域去消解人们的存在意识和同化价值观念。第二节主要从西方经济学中的基础概念"稀缺性"出发,将其解读成人类劳动能力的扩展程度。也从力量主义角度分析了一些经济学派的主要观点。第三节从经济角度论述,资本主义的发展史主要是资本力量的控制史。危机不仅仅是资本力量前行道路上的一个个路标,危机中可以看出资本力量的当代发展趋势。从 2007 年美国次贷危机引发的全球化资本主义经济大危机可以看出资本力量的虚无化趋势,人将在虚无化的力量统治下彻底丧失自己的本质。第四节从社会现状出发,指出了商品生产的多元化;需求的多元化;信息的多元化;文化的多元化。而这些复杂的多元化又以资本力量的高度通约性作为其本质特征。第五节叙述了资本力量无限制增长所可能带来的结局:一是资本力量永远开放式的增长;二是资本力量增长到某一个临界点由于自身的重力开始收缩并坍塌;三是资本力量不断地进行封闭式的膨胀—收缩的循环运动。人类的命运并不会最终被决定,如果不能正面反抗资本力量,那么就积极地加速它的进程以便看到新的希望。

目　　录

导言　思想的困惑

起这样的题目通常令人诧异，因为力量和形而上学这两个词好像毫无关联。如果按照理智主义传统来分析，力量是属于身体感性层次的，形而上学是思想的最高层次，两者非但无所联系，而且互相排斥，一直处于反对着的状态。显而易见的一种疑问就是：你的企图是把感性和理性合二为一吗？还是作某种调和？将感性大部分主要地归附于理性来得到理解，或是将理性大部分主要地归附于感性来得到理解？我深感到此工作的困难性：首先，感性与理性是近代哲学以来一对根深蒂固的矛盾，这种概念间的对立是很难消除的。其次，破镜难圆，就算对立能够消除，感性与理性之间的裂痕也无法抹去。最后，就算裂痕也能够抹去，这种浑然一体的形而上学对我们又能起什么作用呢？

究竟是"力量"的形而上学还是力量的"形而上学"，重心放在哪里都不太合适。如果有所偏重，那么随着概念的发展两者之间的不平衡状态会加剧，最终使一方丧失了独立性而完全从属另一方，这有违本书的初衷。但是，如果力量和形而上学是完全平等的地位，那么只有两种可能：(1)力量和形而上学是一个本质的两个组成部分，本质中的一半是力量，一半是形而上学，问题是这两个迥然不同的部分怎么联系，怎么组成一个完整体？即使能够说明，我们只不过作了一番机械论的拼凑工作。(2)它们是两种属性而不是两种本质。众所周知，真正的本质只有一种。力量和形而上学的存在只能是一种更为深刻的"本质"的两种属性。那么问题又来了：这种深刻本质是什么？亚里士多德认为一般不是实体的东西，属性不能存在于它们作为其属性的事物之外。[①] 为了说明力量和形而上学我们又得创造出第三个概念，显然不符合思维经济原则。而且为了说明第三个概念，又得造出第四个、第五个概念等等以至无穷，落进了亚里士多德所批判的"第三者"的理论悖谬。

---

① 亚里士多德：《形而上学》，吴寿彭译，商务印书馆 1983 年版，第 46 页。

　　这些理论困难促使我们从更高的基础上来重新思索两者的关系,本质只有一个,这个本质就是形而上学,形而上学既不能被归纳,也不能被分有。形而上学作为最高的本质,之上必定不另有本质。对于下位的概念,形而上学不能作为普遍的施予者,与之分有最高的本质。否则形而上学就不能独享其纯粹性。更危险的是一旦普通概念分有其本质,那么任何经验性的事物都会通达形而上学,把本质主义的命题替换成经验主义,这也非本书的意愿。那么,能够正确表达力量和形而上学之间关系的命题只好是:力量就是形而上学。力量和形而上学是同一个东西。为了避免理论悖谬只能作此令人诧异的判断,但凡有理智的人都不会故作惊世骇俗之论来吸引公众注意力,因为短暂的注视之后带来的长久沉默和隔阂比较让人不堪。一个命题的奇异性有时候并不反映论者的新颖大胆,而恰恰在于理解该命题的理论背景之顽固。质疑声主要来自我们一直以来深信不疑的哲学传统,无论是经验主义还是唯理主义,独断论还是怀疑论,它们只是站在不同立场展现了柏拉图主义的精髓,这是一个从古希腊以来贯穿整个西方现代哲学的最核心的理念。地基稳固的哲学传统给思维的开展提供了便利条件,但是也极大阻碍了新思维的产生。只有跳出这个传统的范围,思想才能展开新的可能性。但是看似轻轻一跳,却绝非易事,因为光是考察传统的范围就可能耗尽个人的所有精力,何况还要了解这个传统的控制力和影响力。这是个艰巨的任务。万幸的是,哲学史上已有很多思想资源可以被继承和发挥,近代多次提出哲学终结的需求,使得跳出传统框架的束缚成为趋势。

　　任何事物都会孕育反面的东西。考察柏拉图主义的传统我们就会发现一条或明或暗的历史线索,柏拉图主义是 Idealism(理念主义)的发展史,而力量一直作为 Idealism 的伴生物被理性的光芒所掩蔽。力量处在黑暗之中,好像时时准备为可能不再产生作用的理念提供支持的影武者。力量是 Idealism 的衍生物吗? 如果是,那么很不幸,我们虽然抓住了"力量"这根稻草,还是游不出柏拉图主义的汪洋大海。考察柏拉图以前的希腊历史,力量不仅不是 Idealism 的衍生物,反而是 Idealism 的创造者。力量比理念更加古老和原始。力量是诸神赐予希腊人的礼物,《伊里亚特》中写道:"有些神把'力量'吹入英雄的胸中。"[①]即使在柏拉图之后的很长时期,力量仍作为一种与思想共在的状态被希腊人当作把握世界的基本方式。

---

　　①　《柏拉图全集》(第二卷),王晓朝译,人民出版社 2003 年版,第 214 页。

　　在遥远的东方国度也有类似的思想。古印度将对力量的崇拜化身为印度教的三大主神：梵天（Brahma，创造者），毗湿奴（Vishnu，维护者）和湿婆（玛亥希 Mahesh，毁灭者）。这三位神呈现"三合一"状态相应于吠檀多的"三位一体"，神既是创造者和维持者，同时又是万物的毁灭者。古印度人非常重视身心一致。《羯陀奥义书》中说："人的身体就像一辆车，自我就像是乘客，理性就像是御者，思想就像是缰绳，人的各种感觉就像是拉车的马匹，感觉的对象便是马车行走的路线。当最高的自我与我们的身体、感觉以及心灵融为一体时，那么他便处于快乐之中。"①在古代中国，即使是作为一个农耕文明为基础的温顺民族，也具备一定的尚武精神。古代儒家有六艺：礼、乐、射、御、书、数。其中射和御就是对儒生的武略要求。儒生并不像今天只是"手无缚鸡之力"的形象，具有强壮的身体力量和高尚的品德一样重要，据说孔老夫子力能搏牛。在儒学体系中，"勇"和"仁"、"智"并称三德："知仁勇三者，天下之达德也"。"勇"的品德成为谦谦君子的一部分："仁者不忧，知者不惑，勇者不惧"。此三德何以实现？"好学近乎知，力行近乎仁，知耻近乎勇"。知道自身的缺陷并能厌恶这种状态，产生完善自身的动力就是勇气。"仁者必有勇，勇者不必有仁"。君子有仁爱之心，必会产生保护万物的责任和勇气，盲目的冲动可能是蛮力，不一定会产生仁爱。孔子无非是强调了勇气（力量）必须符合道德原则（仁）建立的秩序。至于在军事斗争中，勇气无疑是值得提倡的。狭路相逢勇者胜："其道远险狭，譬之犹两鼠斗于穴中，将勇者胜。"

　　即使证明了力量就是形而上学这个命题，进一步的本体论证明仍然不可取消，力量是什么？力量的本质是什么？力量如何通过我们产生作用？力量本身具有什么价值也许还无人能说清，但是力量的缺失总会给我们带来实实在在的影响。日常言谈中常常能够听到的一句抱怨是：无力感。无力感是最深层意义上的人生此在的丧失和沉沦，远远超越了日常的挫折感和失败感等一般自我否定，它使人生此在整体地突然地在世界中跌落了。无力感不是部分的无力感，而是存在者整体的无力感，一只手的无力还不能称其为身体的无力感；无力感也不是暂时的无力感，现在的无力感预示着未来可能有力的希望。有希望就不能是彻底完全的无力感。而真正的无力感才会把存在者整体摆在此在的面前，迫使此在严肃认真地思考自己在场的

　　① 《奥义书》，乃文译，中国致公出版社 2008 年版，第 12 页。

问题。这就是说,力量的缺失昭示了此在的整个生存论结构。

本体论证明完成以后,目的论和逻辑学的意义阐释也不可避免。撰写此文的动机来自于长期的切身体验,我相信许多人都会有这样的困惑:为什么在思想里早就意识到此事非做不可,但总是没有毅力去完成呢?思想早已通达,但力量远远尚未达到的状态最能激发人对自身的厌恶情绪。这种叛离赤裸裸地显现两者触目惊心的分裂之状,它使人生此在从世界得以可能的基础上连根拔起,如何使"我"的思想同时据有通达世界的力量?这是哲学面临的最棘手的问题。苏格拉底比较明智,他将关于善的知识定义成在践行中完成善而不是在思想中认识善。知识也包括践行的力量,力量在某种程度上被当成思想的辅助者而被概念化,但力量概念化的后果也出来了:即力量被拘囿在概念的范围内而无法返回自己的本质。就是说,一旦我们用概念去规定力量,力量就丧失了本质。

概念是人类基本的认识模式。人类的先天意识机能规定了如此这般的认识世界的方式,本能地用逻辑化的语言去思考对象,对象就不是原初意义的纯粹对象。用思想去规定力量,那么只是用思想的本质去替换力量的本质。我们所追问的力量的自在客观的本质更加隐而不显了。完全放弃概念化思维,用感官接受刺激的方式去认识力量不失为明智之举。"倘若一切存在本质上都是某种感知之物,那么这就是可能的。"①但感性方式只能认识感性力量,只能认识具体的微小的倏忽而至的力量,对于全体力量、力量与形而上学一致的最高本质是无法认识的,因为任何感官去感受比自身抗力结构更强的力量都会遭到毁灭。没有任何感官可以强大到抵抗力量全体。那么,似乎通往力量形而上学的道路只有概念化的思想,别无选择。而选择这条道路又必须解决先前的两难困境:既要通过思想来认识力量,又要使力量不带上思想的痕迹。这个困境同时也是思想本性的一个难题,思想如何超出思想去关注那些非思想性的东西?思想如何跳出思想的内在性而达到外部的客观性?思想如何超越内在意识形而上学的内在矛盾?

两千多年的西方哲学传统一直试图解决思想的客观性问题,即内在于意识又要为这种意识寻找客观依据。通常的解决方式是用思想生造一个"超验所指"进行综合,用上帝、绝对理念、完满存在等思想之外的规定来使思想的客观性得到保障。超验的解决方式可分为两类:一类是康德的先验

---

① 尼采:《权力意志》,孙周兴译,商务印书馆 2007 年版,第 219 页。

和经验二元分离模式,这种模式的优点是保证了超验物的客观性和纯粹性,
缺点是人为造成了先验和经验的裂痕,使得普通思想经验的客观性荡然无
存。[①] 一类是黑格尔的绝对精神的辩证运动模式,这种模式的优点是颠倒
思维习惯,先预设了客观性,思想性不言而喻地成为了客观性的返回自身的
一个阶段,缺点是用思想性和客观性的同一来代替了对客观性本身的追
求。[②] 综上可知,这两种方式都不能完满地解决思想超出内在意识的困难,
原因是解决方式的前提有问题,即用思想造出一个思想之外的超验存在是
不可能的。思想只能思想在思想内的东西。

要解决上述困难,我们还须转变一下思路,如果通过思想造不出超思想
的东西,那么为什么不先去寻找一个思想之外的东西来囊括思想? 这个存
在者既是具体感性的存在,又可以聚合成超验的存在。这个存在者既具有
客观性的属性,又具有思想性的属性。要找思想之外有什么,必须弄清思想
之内有什么,寻找的过程同时是考察思想范围的过程。思想并非现成的摆
在这里那里的某一物,思想的广度中必然涵盖了思想的深度和厚度。历史
性绝不是思想的可有可无的添附,思想唯有在时间的充实中才能具有立体
感和空间的广延。思想范围不仅仅是静态的思想结构分析,唯有完全的思
想史的考察才能彻底厘清思想范围。

---

① 　参阅康德:《纯粹理性批判》,邓晓芒译,杨祖陶校,人民出版社 2010 年版。
② 　参阅黑格尔:《逻辑学》,杨一之译,商务印书馆 1996 年版。

第 1 章 古希腊的力量形而上学

哲学史中最本质性的事情是:这是如何发生的? 一个思想在开端处如此这般地被规定为概念,并且成为一个固定的基点为后来源源而来的概念所依附,聚集的概念越来越多,日益沉重,但它们并没有使基点变得更坚实。坚实性是大地和基点之间的联系,而基点上的概念并不能超越思想来关注自身,它们关注到了彼此之间的分离独立和相互联系,并用逻辑的辩证的技巧成为一个有机的整体。恰恰这样的连贯一致越是严密,就越把基点的坚实性问题遮蔽起来,变得可有可无。

"整个历史的意义在于:它识破自己的无意义状态,并且对自身感到厌倦了。这种对此在的厌烦。"①终有一天,意志不再满足于原有的概念体系所给予的安全感,它让思想直接面临自身何以存在的原因,也就是说,一下子让思想处于存在和不存在之间的摇摆状态,让思想直接面对虚无主义的深渊。以往的一切学说和传统都失灵了,思想为了克服这种无所依归的恐惧,不得不决然地挺身回到原初的开端之所寻找意义。但是,如果思想拘囿于自身而不力求突破,如果是从开端处再开辟一条新的思想之路,那么所有的努力都将成为一个新的虚无主义。

那么我们一起返回到西方思想的开端处所:古希腊。在那里,思想突破自身之后还剩什么呢? 思想之外还有什么东西? 这些东西如何构成希腊人的本质?

当我们固执地去寻找的时候,本质成了这样一种东西:最神圣的信念。坚持信念将赋予行动以最高的价值,不仅使要寻找的东西获得意义,而且使寻找的过程也获得意义。尼采敏锐地捕捉到了这个信念:"请注意! 我们最神圣的信念,我们在最高价值方面始终不渝的东西,乃是我们的肌肉的判断。"②肌肉的判断,初听上去好像有点惊世骇俗。尼采以颠倒柏拉图主义

---

① 尼采:《权力意志》,孙周兴译,商务印书馆 2007 年版,第 193 页。

② 尼采:《权力意志》,孙周兴译,商务印书馆 2007 年版,第 875 页。

的方式说出了真理,结合考察希腊以来的西方传统,才能对这一判断的伟大之处有所领悟。

1.1　神话、诗歌与黄金时代的力量崇拜

赫西俄德的《神谱》中说,世界最初的状态是"混沌"(chaos),"混沌"产生大地女神"盖亚"(Gaia)、爱神"艾洛斯"(Eros)、黑夜之神"塔尔塔罗斯"(Tartarus)。爱神像旋风一样,背后有一对金色翅膀,它代表着混沌宇宙中的一种冲动,一种原始的推动力,一种促使结合而产生更高层次实体的力量,爱神是本原自我创造的化身,是宇宙诞生新生命的原初动力,也是本书的论述主题中所涉及的第一个对象。大地女神盖亚不仅生育了蔚蓝色的天空之神乌拉诺斯(Uronus),而且生育了代表江河湖海的各种水系之神"庞托斯"(Pontos)。大地、天空和水源三者的结合产生了万物和提坦巨人。但在黑暗的大地上仍看不见一丝光亮,唯一能做的便是等待希望,希望某种突然降临的外力来使这个昏浊的世界打开一道裂口,这开启光明的就是神的力量,宙斯(Zeus)在古印欧语系中即为"光明"之意。这预示着他将打败提坦神而建立世界秩序。Zeus 之光最原始,是针对混沌世界之裂口,而非阿波罗之炫耀万物之光。此"光明"是与黑暗的相互争斗的意义上制胜者,不仅相斗,而且必须战胜。"光明"照亮了无边无际的黑暗,乃是黑暗之完成,与自身决裂之力。我们知道,宙斯所擅用的神力是"雷霆",雷电穿过层层黑暗的云团阻挠,直达大地的中心,所遇之物尽数化为灰烬。而来势之迅猛使人无暇反应。主神所拥有的神力表达了力量最鲜明的特征:强劲短促。因此宙斯成为构成世界核心的一元尊神:

> 宙斯既是源又是流,万物创自宙斯。
> 宙斯是大地和星斗闪烁的诸天依据。

此外,力量可以化身为各种自然力:太阳光由赫利乌斯(Helius)驾驶的太阳车发出;大雾由赫拉(Hera)降下;地震和海啸由波塞冬(Poseidon)导致;各种山林河流都有女神看守。力量也可以化为凡间人力:雅典娜(Athene)影响了战争成败;阿弗洛狄忒(Aphrodite)驱使了性爱;赫柏(Hebe)代表了人的青春。

　　希腊神话中的黄金时代,是宙斯推翻提坦巨人的统治并且确立了新的世界秩序之后开始的。诸神居住在希腊东北部的奥林帕斯(Olympus)山上,是主神宙斯和他的兄弟姐妹及子女在内的十二位"神圣家族"。那时候人神和睦相处,亲密无间。人类可以参加诸神的宴会一起觥筹交错,狂饮作乐。人类与神祇的差别不大,人类不会衰老,四肢永远像年轻时那样充满力量。他们身体健康,不生病痛。奥维德描述了这样一个社会:没有战争,也无须法律,人们和谐生活,同时与自然保持着和谐关系。春天永驻,大地不耕而谷物丰登,河中流淌着牛奶和琼浆,橡树中流出的是金黄的蜜汁……。黄金时代是人类的幸福美满的理想时代,是乌托邦式的古希腊人的理想国度,是影响后期整个西方哲学关于如何更好生存的精神信仰。

　　荷马作品中描述的诸神,从外表看和人完全一致。只不过拥有了凡人所不及的强大力量,因此诸神的外形比人更为美丽、更为高大。据说宙斯只抖动他的卷发,整个奥林帕斯山就会随之震动。因为有具象化的身体受到空间限制,但比起凡人来还是要自由许多,宙斯能够风驰电掣般穿越最远的距离。一眨眼的工夫,雅典娜就从奥林帕斯山顶到了山下的伊萨卡,海域统治者波塞冬三四步就从萨摩斯到达爱琴海的埃维亚岛。诸神的身体器官非常完美,五官感觉比凡人灵敏,据说宙斯坐在奥林帕斯山顶的宝座上便可以看见人类的一切行为与活动。诸神的身体也会倦怠,到了晚上也会通过睡眠来休息。诸神也需要通过饮食来补充体力,因此神的品位明显比凡人高级,他们吃的是珍馐美味,喝的是琼浆玉液。甚至连衣着打扮都十分讲究,特别是女神的服饰。我们可以得出结论:诸神平常过的是相当精致、完善甚至是具备艺术美的生活。

　　这些神具有七情六欲,喜怒哀乐,互相吵架争斗,对尘世间的任何事物都会表现出凡人的兴趣。宙斯作为诸神之王却去寻找情人,赫拉气质高雅却容易嫉妒,阿瑞斯好战且生性暴躁易怒,阿弗洛狄忒自恃美貌放荡不堪。神祇的性行与人相比并无大异,有些更带有贬义色彩——人类所有的缺点,神祇们统统都有。使他们比人"高一等级"的,不是他们的道德"高人一等",而是他们永恒的力量掌握和控制了希腊人的命运。换句话说,出于对力量的尊重,神才得以成为神。神性的基础是力量,希腊人崇拜操纵和左右自身命运的力量并赋予其神性。崇拜神的存在而不是信仰神的存在,崇拜比信仰缺少道德的皈依。这与西方晚期出现的各种宗教截然不同,神化身为"圣父"、"圣母"等伦理道德的形象出现。希腊人的诸神与道德无关,希腊人的神不是道德的理想化,而是力量的理想化。[1]

希腊人崇拜诸神的永恒力量,对英雄最大的赞美莫过于比配神祇。"崇拜这一概念已经潜在地包含在出现在赞美歌的川流里了。"[2]荷马笔下的英雄们不仅高大魁梧,而且力大无比、英勇善战,暴怒时"恶狠狠地盯着"对手,倒地时"轰然一声,铠甲在身上铿锵作响"。战斗时,英雄们先是驾着战车冲向战场,然后跳下战车,和对手互骂一番,随即展开厮杀,撂倒几个敌人,自己也可能受伤,于是举手祷告神灵,重新获得勇气和力量,再次投入战斗。

荷马史诗在写到特洛伊人阿伽门农应战阿开亚人时这样描述:

> 强有力的阿伽门农迈步在他们中间,
> 头眼宛如喜好雷霆的宙斯,
> 摆着阿瑞斯的胸围,挺着波塞冬的胸脯。
> 恰似牛群中的一头格外高大强健的雄杰,
> 一头硕大的公牛,以伟岸的身形独领风骚……[3]

"公牛"暗示着潜在的力量,不仅强劲有力,而且具备雄性的主动。这种形象最容易引起异性兴趣,宙斯在勾引欧罗巴时,就化身为一头金黄色的公牛。[4] 强健的身躯是迷人的,美狄亚单独见到伊阿宋时,"他高大威武,犹如大海中升起的天狼星一样,神采奕奕。"姑娘停住呼吸,眼前变黑,双颊一阵发热,心慌意乱得不知道如何是好。于是她献上了魔药,"你用我给你的魔药涂抹全身。它会给你无穷的力量,你不仅能与人类,甚至能与神祇匹敌。"[5]魔药原是与伊阿宋对立的力量,由于英雄自身的魅力转而倒戈。力量之强大性不在于能克服对立的力量,而在于能吸引对立的力量并为己所用。后来美狄亚为了伊阿宋离家叛国,杀死亲弟弟,以爱情之名的吸引力远远超越了世俗伦理道德的束缚。

英雄之所以伟大,因为他们大多都是神的后裔。珀耳修斯是宙斯与阿戈斯国王的女儿达那埃之子。赫拉克勒斯是宙斯与阿尔克墨涅(Alcmene)之子。阿喀琉斯是海洋女神忒提斯(Thetis)与凡人英雄裴琉斯(Peleus)之

---

① 参阅米尔恰·伊利亚德:《神话与现实》(Myth and Reality)一书。
② 黑格尔:《精神现象学》(下卷),贺麟、王玖兴译,商务印书馆 1979 年版,第 205 页。
③ Homer, Iliad, Vol. 2, Wordsworth Editions Ltd,1997。
④ 参阅施瓦布:《希腊神话故事》第六章,长江文艺出版社 2006 年版。
⑤ 参阅施瓦布:《希腊神话故事》第十九章,长江文艺出版社 2006 年版。

子。高贵的血统分享了神力，身材变得魁梧强健，愚蠢的头脑变得聪明，所遇之险恶无一不被简单化解。赫拉克勒斯刚出生就把赫拉派来的两条毒蛇捏死了。他们是半人半神，战场上总是立于不败之地。正如裴琉斯对墨诺伊提俄斯所说：

> 我的孩子，论血统，阿喀琉斯远比你高贵，
>
> 但你比他年长。他比你有力，远比你有力。①

因为血统高贵所以有力。海洋女神握住阿喀琉斯的脚踵倒浸在冥河水中，使他有了不死之身。相比凡人，英雄幸运地受到神的眷顾。然而他们受到更强有力的命运的摆布，赫拉对阿喀琉斯说："你的末日已在向你逼近，但这不是我们的过错，而是取决于一位了不起的尊神和强有力的命运。"②这位"了不起的尊神"应该不是阿波罗，阿波罗与赫拉平起平坐。超越赫拉能力范围，比他们更高一级的是"命运之神"。命运之强力连诸神也不能违抗，阿喀琉斯也认识到，"就连我也逃不脱死和强有力的命运的追胁，将在某一天拂晓、黄昏或中午，被某一个人放倒，在战斗中，用投枪，或是离弦的箭镞。"③最后，他果然被太阳神阿波罗射中脚踵而死。虽然"人生如同树叶的催发和枯亡"，正如奥德修斯所说，"我们，按着宙斯的意志，历经残酷的战争，从青壮打到老年，直至死亡，谁也不能幸免。"④希腊悲剧深刻地表达了英雄的态度："悲剧快感表明了强有力的时代和性格……这是英雄的灵魂，它们在悲剧的残酷中自我肯定，坚强得足以把苦难当作快乐来感受。"⑤

死亡是人注定的命运。在希腊诸神统治下的世界万物，都同等地经历生成与毁灭，山川河流、草木鸟兽都如太阳一般东升西落，人与万物的平等性就是共同需要面对死亡。英雄和凡人一样也必须迎接死亡，他们不能像真正的神一样超越死亡，也不愿意被动地接受命运。虽然不能在生与死之间作出选择，但是可以选择死亡的方式，英雄可以选择如何死去，光彩夺目地离开，留下万世英名。这种追求部分的永恒性仍然来自于骨子里的神圣血缘，他们的宿命就是获取荣誉，正如《伊利亚特》中的独白："是我们把荣誉

---

① Homer，*Iliad*，Vol. 11，Wordsworth Editions Ltd，1997.

② Homer，*Iliad*，Vol. 19，Wordsworth Editions Ltd，1997.

③ Homer，*Iliad*，Vol. 21，Wordsworth Editions Ltd，1997.

④ Homer，*Iliad*，Vol. 7，Wordsworth Editions Ltd，1997.

⑤ 尼采：《权力意志》，孙周兴译，商务印书馆 2007 年版，第 198 页。

给别人，或别人给我们荣誉。"①生命获得了绚烂的绽放，有限的暂时性中获得了永恒的体验，因此，英雄的生命比凡人显得更为强大丰美，获取超越自然的力量。荣誉高于生命，因为荣誉带来的无限性赋予了有限生命的意义。像英雄一样生存与死亡，成了古希腊社会人们的文化基础和普遍信念。

神话通过诗歌的方式得以传承，诗歌通过神话的形式得以庄严。"神祇"、"英雄"在今天拥有现代思维的人看来是浪漫甚至是荒诞的想象，然而我们真正的返回到古人的思维方式，就会发现神话是理解一切事物的基础和依据。在人类智力的童年时期，人们用隐喻、象征的智慧看待世界，用吟唱的方式传承历史。维柯将其概括为"诗性思维"。在哲学产生之前的阶段，古希腊人喜欢将各种事物具象化，阿喀琉斯不是一个人而是所有勇敢的化身，奥德修斯不是一个人而是所有谋略的化身，甚至连荷马也不是一个具体的人而是所有原始诗人的集合体。然而在这种具象化的世界里达到了信仰的极限，也兼具了全部的可能性，史诗成为最真实的存在。亚里士多德在《诗学》中说，"诗比历史更真实"，在此背景中才能得以理解。在人类社会早期，各种自然力对人类的生存有决定性的影响，而逐渐成长的人类也会因为自身拥有抵抗力和创造力而感到欢欣鼓舞。对强大的能支配命运的因素产生崇拜和依赖感，特别是对人类力量（英雄）的推崇，反映了人们渴望主动性获取自由的潜意识，也预示着追求智慧的重要性。

1.2　竞技、艺术和城邦文化中的力量崇拜

从公元前 12 世纪起，希腊氏族社会逐步瓦解，城邦制的奴隶社会开始形成，希腊各地陆陆续续出现了二百多个城邦制国家。这些城邦各自为政，为了自身利益频频发生战争。雅典城面临爱琴海，遭受地面和海上各种势力的威胁，必须发展体育以增强军事实力。据说雅典的军队在面临强敌时，勇士会脱下盔甲展现自己的肌肉以达到震慑对方的目的。斯巴达城是强调尚武精神的典型，那里的母亲用烈酒给婴儿洗澡，体质顽强的人才能存活下来。孩童们需接受各种体能和意志的训练，他们每年在节日敬神时都要被皮鞭狠狠鞭打一次。古希腊社会认为身体充满活力和心灵充满智慧同等重

---

① Homer，*Iliad*，Vol. 7，Wordsworth Editions Ltd，1997.

要,健康的体魄是对神的尊重,实际也是社会生活的基础。

　　希腊竞技成风,说明人们非常重视身心调适和健全体魄的训练。每个城邦都有练习场、体育场和摔跤场。这些运动场所是城邦的重要标志。场地一般是靠近泉水或河边的露天空地,场地中竖立着神像和运动员的雕像,场地四周有供观看的座位。平日里年轻人都在运动场里锻炼自己的身体,每逢祭祀活动就会同期举行竞技比赛。健康的身体是产生健康的思想的必要条件。苏格拉底有厚实的身体,冬天能在冰雪地中行走,他很喜欢在练身场观看青年人运动并与他们交谈。柏拉图(Plato)希腊文的原意是"宽阔的",据说他参加过自由搏击。毕达哥拉斯得到过拳击奖。德谟克利特、苏格拉底、亚里士多德,甚至犬儒学派的第欧根尼都有资料说他们也参加奥运会。奥林匹亚运动会是四个神圣庆祝活动中规模和影响力最大的一个,每隔四年的七月份在奥林匹亚平原上举行,在奥林匹亚平原中心建有宙斯神庙,运动以祭祀宙斯之名展开,却是对凡人力量的考验。在传统的献祭仪式后,人们举行赛跑、摔跤等竞赛。参赛者大多赤身裸体,全身涂抹橄榄油,露出优美健硕的肌肉线条。获胜者将被授予一顶象征至高荣誉的橄榄枝圆冠,据说是由一个双亲健在的十二岁儿童用纯金刀从神树上割下并精心编织而成。除此之外,据说获胜者的名字会被刻在运动场的墙壁上供后人瞻仰。这项竞技运动没有任何世俗的物质利益,参赛者为的是在挑战极限的巅峰状态下,打破命运之神强力操纵和束缚,获得了前所未有的自由体验。因为英雄是半人半神的产物,凡人不可能突破血缘的界限,但是奥林匹亚运动会是宙斯承认的一项运动,凡人藉此获得强大的力量从而与英雄媲美。获胜者不仅赢得了人间的荣誉,更是一种对自身力量的确证和对神性的靠拢。作为完善的德性,肉体的激情和理性具有同等的地位,作为与神性抗衡的基础,身体力量使希腊人具备自信的品格和独立的意志。

　　希腊雕塑艺术表现了这种力与美相结合的神性,一般造型都是以突出强健的体魄和昂扬的精神为主要特色。雕塑家米隆的《掷铁饼者》,运动员手持铁饼摆回到最高点,即将抛出的一刹那,张开的双臂像一张拉满弦的弓,带动着身体的弯曲,使观者感受到生命力爆发的强烈震撼,时间因此被凝固成永恒。黑格尔认为这是庄重静穆的神性,理念和形式的高度和谐。[①]来自阿戈斯的波吕克里特最擅长雕刻年轻人的形象,代表作《执矛者》表现

[①]　参见黑格尔:《精神现象学》第七章第二节,贺麟、王玖兴译,商务印书馆1979年版。

的是一个肩负长矛迈步向前的青年战士，他肌体健美，充满朝气。利西普斯的作品《休息的赫拉克勒斯》表现的是赫拉克勒斯这个神话中的大英雄，巨人般的体格和精神上的疲惫结合在一起。虽然看起来处在放松状态，但依然健硕无比。肌肉刻画得非常夸张，无论是肌肉的体积还是蕴涵的压迫感，都让人在强大的力量面前心生敬畏。即便是追求智慧的思想者，也以强壮的体魄为荣，后世雕塑家奥古斯特·罗丹的圆雕《思想者》，苦闷沉思的表情对比那紧紧收屈的小腿肌腱，用身体的力度来展现思想的深度，准确地复述了这种希腊精神。

　　按照柏拉图的设想，一个完美的城邦中人们应当过着理性的生活，各种情绪意见会让人偏离真理的大道。但现实中希腊人不仅拥有丰富的情感，而且对陶冶情感的戏剧有着近乎痴迷的热爱。亚里士多德说："悲剧是对于一个严肃、完整、有一定长度的行动的模仿……借以引起怜悯与恐惧来使这种情感得到陶冶。"[①]看戏是一种高尚的生活，也是进行公民教育的重要方式。雅典每年有三个戏剧节，勒奈亚节（the Lenaia），大酒神节（the Great Dionysia）和乡村酒神节（the Rural Dionysia），都是为了祭祀酒神的。酒神狄奥尼索斯是宙斯之子，代表着重生不死的生命力。酒神祭祀中突出的"死亡—复活"主题是古老宗教崇拜的主题，而反映生命力的存在与延续，几乎是人类社会中一切文明最本质的东西。狄奥尼索斯精神象征着狂放不羁、肆无忌惮的自由，也象征着丰沛苗壮的生命力。据说参加酒神祭祀游行的女人们如果达到癫狂状态，所遇之物尽数毁灭，遇到野兽或者儿童都会立即撕碎并且生吞。这种暴虐被理解成酒神由死到重生的过程，是对狄奥尼索斯的神力崇拜。喜剧一般都是调节气氛的，悲剧才是严肃的主题。悲剧（tragoidia）在古希腊文中指"山羊之歌"，山羊是祭祀酒神的牺牲，也是酒神狄奥尼索斯的象征。希腊悲剧的主题就是命运的摆布与人的意志之间的冲突，是绝对的必然性与人的主体性之间的冲突，也可以理解为超自然的力量与人的生命力之间的抗争。希腊人一方面渴望按照自己的意愿自由生活，另一方面又对命运的不可变更有了明确的认识。这表达了一种最深刻的人类生存困境。即便是神也得遵守命运，无所不能的宙斯不能改变命运拯救自己的孩子萨尔佩冬，因为破坏规则会产生一系列的反应，甚至影响宇宙的和谐秩序。正如普罗米修斯说：

---

　　① 　亚里士多德：《诗学》，陈中梅译注，商务印书馆 1996 年版，第 63 页。

我知道定数的力量不可抵抗，

　　　　　　就得尽可能忍受这注定的命运。

　　在索福克勒斯的观念中，无条件屈服命运之摆布是唯一正义的选择。俄狄浦斯王的种种力图改变的抗争，于事无补，最终选择了自我放逐。《埃阿斯》和《安提戈涅》的主人翁最后以自杀告终。然而悲剧的教育意义不在于宣扬宿命论，而在于对命运的质疑中看出人类不屈不挠的努力，使灵魂得到升华，道德得以净化。悲剧使人类正视自己面临的困境并作出合适的选择，彰显了自我意识，体现了自我价值。悲剧本质无疑是对超越神灵的命运之力量的崇拜，但另一方面也是对明知不可而为之的、充满激情的顽强的人类生命力的歌颂与赞扬。

1.3　智慧的起源

　　如果是神创造了人，那么人的意志也是神的意志，那么人为何要反对超越诸神的命运之意志呢？换句话说，人何时拥有了独立的意志得以反抗命运？按照自己的意志去生活就会产生思想，那么思想是如何开始的？这样就追问到思想之外去了，我们把视野投放在思之边界和开端上，独立的思考必须先有独立的力量。原始的"混沌"阶段世界充斥的全都是"神力"，到了奥林帕斯黄金时代，诸神占有着改变世界的绝大部分力量，通过与凡人通婚生下英雄，从而使人类也分有了力量。神的力量开始转变为智慧，从而使人类也分有了智慧。那么，力量从何时开始转变为智慧？

　　神话一般具有深刻的寓意。雅典的守护神雅典娜，宙斯与聪慧女神墨提斯(Metis)之子，盖亚有预言说墨提斯所生的儿女会推翻宙斯的统治，宙斯于是将她整个吞入腹中，宙斯因此得了严重的头痛症。包括阿波罗在内的所有神都试图对他实施一种有效的治疗，但都徒劳无益。宙斯只好要求火神赫菲斯托斯打开他的头颅。① 据说她有宙斯一般的力量，如果加上与生俱来的神盾埃吉斯的力量，她的实力就超过了奥林帕斯的所有神。雅典娜最初是作为战争女神的面目出现的，她指使阿开亚人攻占了特洛伊城。

① 参阅赫西俄德：《工作与时日——神谱》，蒋平等译，商务印书馆 2013 年版。

后来雅典娜转变智慧女神,海神波塞冬赐给人类一匹象征战争的壮马,她献给人类一颗象征和平的油橄榄树,从而成为雅典的守护神。雅典娜的转变使她成为最聪明的女神,是力量与智慧的完美结合。

同为战神的阿瑞斯,宙斯和赫拉之子,最正统的神力的代表。然而这种力量是残暴疯狂的破坏力,毫无理性和节制,只是为了战斗而战斗,而无其他任何目的。这就表明传统的被力量设定为对象的克服和消灭,而不是对象的征服和占有。雅典娜的出生就预示着原有力量秩序的改变,因为她带有聪慧女神的基因,宙斯预感到了这种被改变的威胁,于是他将自己的女儿吞入腹中。腹中吞入东西但却头痛了,这暗示着智慧从光明(zeus)之力的脑部开始诞生,旧的力量秩序(阿波罗等诸神)的百般阻挠也无济于事,于是新形式的力量(包括能自我防御的神盾和自我完善的智慧基因)就出现了。刚出生的雅典娜还不是真正的雅典娜,雅典娜的力量在无数的战斗中完善自身,认识自身的目的,特洛伊战争只为了象征美丽的金苹果,而争夺雅典守护权则为了永久的荣誉。"雅典娜的转变"不是一个偶然事件,力量必须完成这一转变,否则无法自我保全,因为毫无节制毫无目的破坏性最终会毁灭自己。力量完成了与智慧的完美结合,智慧作为力量一种属性得以存在。智慧,即是一种清醒地已经认识了自身并逐步完善自身的力量。

与传统的力量不同,智慧永远不能被赋予。我们说某人具有智慧,但不能说某人"被……智慧"了。智慧,唯有主动地追求才能实现自己,主动性是智慧的本质特征。神祇使人类分有了力量,但不能使人类简单地分有了智慧。神祇所赋予人类的,只是智慧的基因,一种"潜能",真正实现智慧还需要某种现实的作用,这就是逻各斯(λόγος)的"采集"功能。

逻各斯(logos)这一概念经过历代学者的阐释,拥有多达十几种的释义。赫拉克利特将逻各斯看作"在一定分寸上燃烧,在一定分寸上熄灭"的永恒的活火,是存在者得以存在的根据。逻各斯也是"言语",代表"说出的道理",意喻"理性"、"规律",指代人能够认识的"世界秩序"。希腊哲人相信混乱的世界表象下存在一种微妙法则和隐秘智慧,逻各斯成为理性的代名词几乎贯穿了西方哲学史。梯利认为:"在一切变化和矛盾中唯一常驻或保持不变的,是位于一切运动、变化和对立背后的规律,是一切事物的理性,即逻各斯。因此,原始的基质是唯理的基质,它有生命,有理性。"①然而逻各

---

① 梯利:《西方哲学史》,葛利译,商务印书馆1995年版,第22页。

斯具有"客体—主体"相统一的特质,并不真正具有积极的主动性。叶秀山先生在分析海德格尔对"逻各斯"的阐释时,认为海德格尔的视野远远超出黑格尔式的"主客体关系"之外:"'存在—Sein'的'能动性'有'能力'将'主体—主词'和'客体—宾词'双方都'吸收—集聚—综合'进来。在这个意义上的'Sein'就不仅仅是'联系动词',而且是真正的、完整意义上的'存在动词'了。"①换言之,智慧这种力量只有经过积极主动的吸收集聚才能成为现实的、真正的存在。

　　海德格尔在《形而上学导论》中认为希腊文 λόγος(logos)的原初含义是"采集",最早的文本见于《奥德修记》,阿伽门农在阴间对被他杀死的向其妻求婚者说:"安菲弥东,出了什么危险,使得你们这些年华正茂的人都来到黄泉? 就是从全国再精挑细选也采集(λόγος)不到这样高贵的人了。"②逻各斯"采集"、"挑选"出好东西并集中到一起,海德格尔称之为"在者本身的集中","在自身中从自身来集中并将自身保持在如此的采集中。"③这句读来拗口的话的顺应了赫拉克利特的思想,采集者和被采集者是同一的。但却使采集的特性消失了,因为被采集的东西早就存在于自身,那么采集的过程仅仅是自我发现的过程。诚然,采集者和被采集者都可以泛化为存在者,但存在者并不每时每刻保持同一。我们必须清醒地认识到:在采集中,采集者与被采集者必须有一个明显的区别,此区别就是"匮乏"。采集者因为匮乏某种被采集者所拥有的东西,所以必须去采集后才能使两者达到存在者意义上的平衡。

　　逻各斯是"向上"的,并永远保持在"上升"的状态。被采集者倘若是比采集者更低劣的等级,那么采集便是向"恶"的靠近了。被采集者必须比采集者"更高一级",是高等级的存在。在智慧的采集中,被采集者就是神祇。逻各斯就是向着神力的采集,逻各斯从神力中来采集智慧并将智慧保持于人类自身,人类已经被赋予可智慧的"潜能",所以他们得以长期占有和保存智慧。保存下来的智慧成为"言语",成为"说出的道理",成为继续采集的原因和动力,逻各斯在如此的采集中得以保持朝向神力的敞开状态。

　　在希腊哲学看来,神祇向人类显现的一面就是自然(Φση)。逻各斯就

---

①　叶秀山:《试释逻各斯》,载于《中国社会科学院学报》2011 年第 1 期。
②　荷马:《奥德修记》,杨宪益译,上海译文出版社 2008 年版,第 304 页。
③　海德格尔:《形而上学导论》,熊伟、王庆节译,商务印书馆 1996 年版,第 130—131 页。

是朝向自然智慧的一种采集，Φση 的奥秘当然不会直接干脆地展现出来，像熟透的果子一样等待采集。用赫拉克利特的话表述即是："自然喜欢躲藏起来。"①高等级的存在者的智慧让人难以解读，神意同样让人琢磨不透，即便是逻各斯主动地去采集，若不能完完全全地看清 Φση 的本来面目，也只能无功而返。因此，关于"自然究竟是什么"的问题变得重要和紧迫起来。希腊哲学在此问题上投入了大量的精力，"始基"原初意义上呈现了怎样的状态和形式？虽然这样的研究和思考被后世哲学所误解，被肤浅地批评为"未经主体认识反思的本质主义"，"人类智力的早期阶段"等等。然而希腊人的表象化思维却自有其展开的力量。"希腊人把在者放入常驻状态与无蔽状态中了：诸神与国家，神庙与悲剧，竞赛与哲学；而所有的一切都在表象中，被表象的力量所环视，但也认真地对待表象，对表象的力量亦知情。"②本质是在者，表象也是在者。表象是历史的表象，历史是表象的历史。表象的被发现和被建立在神话和诗歌之中，因而它必然地归属于我们世界的本质性部分。只有漠视表象之历史力量的哲学才会把表象看成是"主观"的形式。诡辩派和柏拉图哲学开始将表象解释成单纯的表象，从而使希腊哲学开始转向非希腊哲学。

　　现在，受到西方现代哲学的污染，我们要滑出这个前视和前理解的领域很难。完全理解表象化思维已经不可能了，唯有努力地返回希腊哲学的表象，"视轨"上才能有所领会。在最宽泛的含义上，自然本身就是存在者。而自然的特征就是使存在者得以存在的"在"（φις），如何理解 φις 就成了探究自然之面目的关键。巴门尼德的说教诗写道：

　　来吧！我告诉你，你要谛听我的话，
　　哪些路作为一种追问的一些路子是可以设想的呢。
　　第一条是：（在着的这个在）如何在，而这个不在又如何不可能在。
　　这是确信的途径，因为它追踪无蔽境界。
　　另一条则是：它如何不在而不在又如何必然。
　　这一条路，我告诉你，是不当考虑的一条小路。③

---

①　《西方哲学原著选读》上卷，北京大学哲学系外国哲学史教研室编译，商务印书馆 1981 年版，第 26 页。
②　海德格尔：《形而上学导论》，熊伟、王庆节译，商务印书馆 1996 年版，第 100 页。
③　《巴门尼德残篇》（四），盖洛普英译，李静滢汉译，广西师范大学出版社 2011 年版。

存在必须存在,不存在是不可设想的。巴门尼德认为"存在而又不在"只是由于无计可施的摇摆不定的念头,会使人成为"无判断力的群氓"。在真理之路上,巴门尼德强调了存在者之存在的最高效力,"在"之常驻状态。而赫拉克利特所说的"我们踏进又不踏进同一条河,我们存在又不存在"①,仅仅是巴门尼德论点的反证吗? 如果我们不立刻深入表象化思维的核心,就不能领悟两人说的是同一个意思。巴门尼德残篇一,28—32 节:

但(今踏上引向在之路的你)也需要经验一切:

既要经验圆满真理的不可动摇的心,
又要经验不含任何可靠真理的凡人看法。
但在照顾两面时你仍然还要懂得,表象如保持其状,
照顾着表象而贯彻一切,共同完成一切。

这段话中巴门尼德向我们指示了一条引向表象之路,这条路是一直走而且一直行得通的,虽然有时会绕远。赫拉克利特就是从表象出发来寻找真理的,"一切皆流变"并不是指一切皆流逝,消失不见,是纯粹的不住。而是指存在者整体总在一番对立与另一番对立之中被抛来抛去,永恒的往返于变化之中。赫拉克利特讲的是存在者如何生成的过程,与存在者必须存在的规定并不矛盾。

"在"(φύσις)必须在且"在"还能生成一切。自然(Φύση)在隐蔽而又显露自身的状态中,逻各斯得以从中采集力量并使智慧的潜能实现。理智的思考才使人类从神祇的庇护下独立出来,并拥有自己的意志。

1.4　爱智者在太阳底下生活

理性主义是希腊哲学产生的标志。人类依赖自己的智慧来理解世界万物,热爱智慧、追求智慧的人被称为哲学家。早期自然主义哲学家的视野非常开阔,宇宙星辰、山川草木、花鸟鱼虫等自然现象都被纳入其观察范围。他们通过一窥神意来关注人类整体的命运;他们用理性辅佐证据而不是用

---

① 《西方哲学原著选读》(上卷),北京大学哲学系外国哲学史教研室编译,商务印书馆 1981 年版,第 23 页。

隐喻的方式来探究自然奥秘;他们用本质还原和因果递推这两种主要方式来理解世界的构成。哲学反映了人类掌控周围环境能力的增长。

苏格拉底把哲学的目光从天上拉到人间,但并不能说苏格拉底不顾天上的法则。而且在色诺芬看来,苏格拉底恰恰是最敬神的,因为他和阿波罗神庙的女祭司一样劝导年轻人虔敬。苏格拉底认为神最喜欢的乃是最虔敬的人的祭物。他常常兴致勃勃地引用以下诗句:

> 按照自己的力量献祭给神圣的不朽的神明。

通俗的理解为苏格拉底教导人们做事要量力而行。如果深究苏格拉底的"虔敬"之含义,这句诗其实是在说真实展现自己的力量以匹配神明的德行。不加任何隐瞒欺骗、堂堂正正地在太阳底下生活就是希腊哲学家的共同特色。最高的德行是既包括了对善的认识也包括了实现善的力量。苏格拉底平日里所采取的生活方式都是为了锻炼自己的心灵和身体,保持一种愉快而充沛的状态。他经常在清晨散步到公共场所进行体育锻炼,当市场上人逐渐多起来之后,他走到人群中间进行演讲。苏格拉底除了传授关于智慧、节制、正义和美德的知识之外,他教导青年人要成为身体健康而经得起辛劳的人。他不赞成人吃得过饱之后,又去从事无节制的劳动,但他建议人们借适度的劳动,把欢畅地吃下去的饮食尽量消化掉。智慧体现为力量的自我节制,苏格拉底认为节制是十分重要的。在法庭上有人指控苏格拉底煽动青年对政府的不满,使他们趋向于采取暴力行为。"但我以为凡运用理智,并希望能够为了同胞的利益而对他们进行指导的青年,是决不会凭借暴力行事的。"因为智慧比肆意的暴力更高级,"凡被我们强迫的人,会像我们强夺了他们东西似的那样仇恨我们,而凡被我们说服的人,会像从我们受了什么恩惠似的那样爱戴我们。"色诺芬认为苏格拉底的智慧能够克服暴力:"这样的人是决不会流血的,因为既然能够利用说服的办法使人活活地顺从,谁还会要把人置于死地呢?"[①]

既然德尔菲神庙的神谕说苏格拉底是世上最有智慧的人,智慧在于认识到城邦运作的法则和培育个人的美德。这种试图让现有状态有序化的努力,和神话中宙斯之力量向雅典娜之智慧的转变完全一致。苏格拉底通过一生身体力行的实践来告诉希腊人:最幸福的生活是身体有健全的体质,心

---

① 色诺芬:《回忆苏格拉底》,吴永泉译,商务印书馆 1984 年版,第 8 页。

灵获得有价值的知识。放弃眼前的享受和战胜怠惰性情,通过不屈不挠的努力建立美好崇高的业绩。正如赫西阿德斯说道:

> 但不朽的神明却把劳力流汗安放在德行的宫殿之前。

强壮魁梧的柏拉图是典型的希腊哲学家。他特别注重身心协调对于完善生活的重要性,因为每个人的天赋有异。"是不是因为有的人身体能充分地为心灵服务,有的人身体反而阻碍心灵的发展呢?"①所以我们应该从小就训练孩子使之强壮,带上孩子奔赴战场,从事各种军中勤务,锻炼坚毅的品格和独立的意志。对于较弱的妇女,也应当让她们和男子一起赤身裸体地操练,强壮的妇女也可以承担城邦的护卫工作。但是,柏拉图比起他的老师来更加强调智慧的地位,感性世界中的太阳之上还有一个理念的太阳,城邦的最高统治者是集所有智慧于一身的哲学王。柏拉图认为诡辩派的修辞术根本不是真正的智慧,因为他们只是知其然而不知其所以然。"这完全像一个饲养野兽的人在饲养过程中了解野兽的习性和要求那样……这人在不断饲养中掌握了所有这些知识,把它叫作智慧,组成一套技艺,并用以教人。"②真正的智慧不是熟悉和把握各种力量的运行规则,而是成为力量的本质与必然性相通并且引导力量。柏拉图设想了一个理念世界,思想作为现实(力量)的本质独立出来,这预示着一种二元化的哲学体系的出现。

到了亚里士多德的《形而上学》那里,世界俨然分化为本体与现象、潜在与现实的二元对立。亚里士多德重点描述了事物如何从潜在到现实的过程,潜在依赖于潜能,无潜能则无潜在。"凡褫夺了潜能的若便作为不能,则凡未发生的事情也将被认为不能发生。"③所谓"能"就是自己能被作用或作用于其他事物。"潜能"意指潜在的、动变之渊源。潜能作为追求实现之力量,亚里士多德也将其分为两种,一种存在于无灵魂事物,一种存在于有灵魂事物。有理知的潜能相对无理知的潜能更高级,因为"具有理知公式的各种能力可起相对反作用,而每一无理知能力只会起一种作用"。④ 这里亚里士多德推导出了有灵魂事物的特殊能力:"意志"或"愿望"。"当一动物于两个事情必须有所抉择时,意愿就成为决定因素而选取适合受作用的对象与

---

① 柏拉图:《理想国》,郭斌和、张竹明译,商务印书馆 1996 年版,第 186 页。
② 柏拉图:《理想国》,郭斌和、张竹明译,商务印书馆 1996 年版,第 242 页。
③ 亚里士多德:《形而上学》,吴寿彭译,商务印书馆 1959 年版,第 196 页。
④ 亚里士多德:《形而上学》,吴寿彭译,商务印书馆 1959 年版,第 194 页。

适合其潜能的方式。"①

　　独立的意志,有了自由的主动能力,意志是有能力的意志,能力是实现意志的能力。意志就是追求实现的力量。它主动地追求从潜在到现实,意欲实现自身,如果说单纯的欲望不知道自己所欲之物是什么,那么这种独立意志的欲望有了明确的目的。"甚至每一种欲望也都具有其原因;因为欲望的目的乃是深思熟虑的理智本身由以决定自己的那个东西。"②在力量中,与其说欲望和理智先天地结合在一起,不如说感性和理性本来就没有分离。它追求"完全实现"——亚里士多德的 ντελχεια(隐德莱希)③:形式把致动因和目的因作为实现手段结合于自身,意志使存在者整体都带上了生机勃勃的"活力",存在者自有其潜能实现的内在目的。隐德莱希作为最高的存在规定性建构了西方形而上学的基础,包括了巴门尼德的"存在者存在"和赫拉克利特的"存在者生成"的双重规定。

---

① 亚里士多德:《形而上学》789,吴寿彭译,商务印书馆 1959 年版,第 198 页。
② 《亚里士多德全集》(第三卷),苗力田主编,中国人民大学出版社 1996 年版,第 178 页。
③ 亚里士多德:《形而上学》,吴寿彭译,商务印书馆 1959 年版,第 196 页。

第2章 中世纪与近代的意志主义

2.1 经院哲学中的意志主义

亚里士多德的意志观影响深远,在中世纪被解释为"理智的欲望"(ap-petitus intellectualis)。奥古斯丁认为意志是"由理性掌管的灵魂冲动",[①]人是万物之灵正是因为有理性:"动物为人所驯服并服务于人,那论证表明,人类要不是在某些方面是优越的,就会反过来在动物手中遭到与动物一样的命运。我们已发现那不是身体的优越性,也很清楚它一定寓于灵魂中,并发现它之名称没有比'理性'更好的了,后来,我们还把它称作'心灵'或'精神'。"[②]如果奥古斯丁仅仅强调灵魂的理性,那么他并不能揭示灵魂真正的结构。奥古斯丁有着非凡的内省力,他的哲学是对自己早年内心经验的精确观察和生动回忆,也可以称为"内在经验的形而上学"。他敏锐地觉察到灵魂的本质是一种主动的自由,即自由意志。上帝赋予人以自由意志,叫人正当地去生活。那么问题是,自由意志是完全的选择的能力,灵魂冲动可以遵循理性原则,也可以背弃理性原则。背弃理性选择作恶的话,上帝能不能惩罚呢?因为背弃理性作恶的能力也是上帝赋予的,正如石头在水中会下沉,上帝不能因为下沉的属性而惩罚石头,同理也不能因为灵魂的堕落而惩罚人类。如果作恶的属性是从上帝那里分有来的,那么上帝就该自己惩罚自己了。上帝应该是完全正义的,这就导致了一个悖论。奥古斯丁换了一套思路解决:"如果我们行事都不靠意志,那就无所谓罪恶或善事了。"[③]意思是说,如果没有自由选择的能力,就无法评判结果的好坏。结果是既定

[①]　奥古斯丁:《论自由意志》,成官泯译,上海人民出版社 2010 年版,第 84 页。
[②]　奥古斯丁:《论自由意志》,成官泯译,上海人民出版社 2010 年版,第 85 页。
[③]　奥古斯丁:《论自由意志》,成官泯译,上海人民出版社 2010 年版,第 100 页。

的、遵从必然律,都是上帝自身的属性。上帝因为自身的属性而惩罚人类,显然是不正义的。"而如果人类没有自由意志,奖惩就都会是不义的了。但是奖惩之中恰恰有正义,既然这是从上帝而来的善。因此,上帝赐予人自由意志是正当的。"①奥古斯丁的论证明显是"倒果为因",既然上帝一定是善的,那么他的奖惩一定是正义的,那么人类就必然会有自由意志。人类可以趋善或者趋恶,最后都是为了审判时彰显上帝的公正。这样的论证最后仍然将前提置于信仰之上,非完全的逻辑推衍,这也是其他反对者提出的质疑点所在。因为完全按照奥古斯丁先前的逻辑,即灵魂具备选择的能力,一如亚里士多德的潜能,是能够实现完全自由的。灵魂中这种冲动力为了不互相抵消,是会建立某种正义的秩序的。这么一来上帝潜在于灵魂的冲动力当中了,上帝成为第二位的存在,对基督教的信仰或情感来说都不可接受。奥古斯丁的逻辑推断能力肯定会考虑到这一层,但晚期他一直强调"上帝的恩典"对于自由意志的意义,显然是基于教义的考虑。

托马斯·阿奎那认为"意志即理性意欲",其自由源自理性实际运用的灵活性。② 意欲分为两种,感性意欲与理性意欲,感性意欲是一种动物意欲,人的大部分意欲也是感性意欲,但托马斯讨论的主要是人的理性意欲,因为理性意欲把人同动物区分开来。托马斯区分了"人性行为"(actus humani)和"人的行为"(actus huminis),理性意欲才能导致真正的人性行为。他认为意志要作出决定,必须首先有善的观念。理性推动意志,却不是强迫或强制意志,而是使它明了自己的对象、目的,借以推动意志。另一方面,意志促使理性和感受性发挥作用,是"灵魂王国中的第一推动者",尽管它不能控制有机体的整体生存状态。综合考察,托马斯认为意志与理性互相决定,共同发挥作用,但理性较为占优。

司各脱批评了奥古斯丁和托马斯的神意决定论倾向,认为意志活动只能源自自身的自我决定(self-determination),而不是其他任何东西。意志的确是理性的能力,能够以多种形式行使的能力,但是这并不意味着意志的行使受理性的指导。意志和理性的地位一样,共同构成世界的本体,是关于无限存在和有限存在关系的形而上学。上帝的本质是无限存在的意志和理性。因为无限理性中包含了无限多的理念,理念不一定有与其相对应现实

---

① 奥古斯丁:《论自由意志》,成官泯译,上海人民出版社 2010 年版,第 100 页。
② 参见托马斯:《神学大全》2 集 1 部 6 题 2 条,段德智译,商务印书馆 2013 年版。

的事物。上帝的自由意志在于,他可以任意决定理念是否对应现实的事物。关于人的灵魂中的自由意志,司各脱抨击了许多经院哲学家认为理智对象就是意志活动的外在动力因的观点。司各脱有以下两层反驳:(1)意志不受外部对象支配。"支配"意味着受吸引或被推动,意志的特征在于只有在它意愿的情况下它才接受外部对象的作用,意志不可能像无意志之物那样不由自主地受吸引或被推动。对于外部对象,意志有意愿或不愿意接受它们的自主性。(2)意志不可能有动力因。如果意志有动力因就意味着意志是其他事物活动造成的结果。我们只能探讨造成意志的事物的活动,而不能探讨意志活动。意志成为被动对象,这与我们内在经验中感受到意志活动的主动性相互抵触。综上,司各脱的观点认为:不是理性支配意志,而是意志支配理性。只有人们意愿知道某个对象时,理性才会发挥作用。司各脱排除了意志的各种外在动力因(包括上帝),他的"意向"(intentio)概念可以看作是转向内在动力寻求原因的意志活动。① 司各脱主义高扬了意志主义的旗帜,成为与理性主义相对立的传统。

　　奥康的知识观简明扼要,更加倾向于重视经验证据的科学主义。对于超出经验或者感知范围的存在统统将其归结为信仰。关于上帝或者灵魂的本性的命题都不是知识的对象,而是神学的信仰的对象。因为我们无法感知到全知全善全能的无限存在的上帝,也无法感知到共同形式共同本质的灵魂。我们能感知的只是自身具体的理智活动、意志活动和欲望的活动,所以人自身的内在经验是最可靠的评判依据,奥康据此排斥了外在的上帝和理性决定意志的神学原则,他的意志主义显得比司各脱的意志主义更为彻底,在形而上学本体论方面,奥康直接斩断了理念原型和现实事物之间的联系,就是说,连司各脱描绘的有些理念对应有些现实事物之间的偶然性都没有。上帝只是以偶然的方式知道这个世界,更谈不上他可以运用自己的意志自由地决定哪些理念对应事物。对于人的灵魂中的意志活动,奥康认为与理智活动、欲望活动并行不悖,三个部分互相配合。意志既不服从理智的判断,也不受欲望的支配。意志是完全自由的,"不管我受到什么力量作用,我任意地、偶然地造成一些可以造成、也可以不造成的后果"。我们可以看出奥康沿着奥古斯丁的自由意志的论证路线,明显比奥古斯丁更彻底,"上帝的恩典"不再成为前提,个人的意志可以朝向上帝也可以不朝向上帝,这

---

　　①　参阅司各脱:《论第一原理》王路、王彤等译,华东师范大学出版社 2008 年版。

种完全基于个人意志的自由选择成为近代伦理学的基础。

中世纪的力量形而上学和古希腊的力量形而上学的主题完全一致，都是"潜在—现实"或"理念—事物"的驱动过程，不过两者形式上发生了巨大的转变。在古希腊，身体的力量、欲望的力量是主导性的，灵魂与意志的力量是附属性的，而到了中世纪神学一统天下，身体或欲望就变成了罪恶，因为无节制的屈从感性会导致神圣感的丧失。只有压抑身体欲望才能获得灵魂的自由。经院哲学家们大多将肉体与灵魂的关系对立起来，所以这一时期着重论述的是灵魂中意志的力量，且往往在上帝存在、理性原则等大前提下展开思辨。然而这一隐性的、微弱的对意志决断力的分析线索，仍然饱含着人类对自身的自由选择和生存状态的深切担忧。

2.2　近代理性主义哲学中的意志力

在近代哲学开创者笛卡尔那里，意志和理智、想象共同组成了思维。意志被视为思维的一种活动，但意志必须受到理智活动（intellectus verstand）的制约，这与笛卡尔对"我思"的理解有关。在著名的命题"我思故我在"中，最后完全不被怀疑的事物的普遍前提是"我思"，即"我的思维"是确定无疑的，是摆脱了一切感性事物的思维活动或精神存在。笛卡尔的目的就是想铺设一条摆脱感官的纯粹精神的发展道路，按照他的目的，"想象"（Einbildung）显然被从笛卡尔的绝对"我思"排除出去，因为"想象"虽然也是一种思维活动，但它并不取决于我的精神本质，而是取决于与这种精神本质不同的东西——感性对象。那么在思维中只剩下意志和理智，它们共同构成了普遍怀疑的剩余物。也就是说，笛卡尔最后确立的真实存在就是理智活动与意志选择两种。

进一步讨论意志选择的作用，这时候的意志与理智一样，本身是绝对可靠的，是绝对不会欺骗我们的。但意志的自由选择有可能会把我们带入错误或迷乱的处境，当且仅当意志的自由超出了理智活动所清晰认识的事物之外。笛卡尔认为：意志就本性来讲，可以延展的范围明显比理智活动宽泛得多（我可以意欲任何事物）。意志如果作用于超出理智之外的不理解的事物，就会采取无决断、无所谓的态度，从而偏离真和善的东西。意志本身不能独立地用来确定事物存在的真实性与可靠性，只有理智才可以。这个意义上,理智才是思维的基础和核心。意志只有在理智清晰认识之后才能作出选择性的决断。笛卡尔说:"我对事物'什么是真的'这一问题把握得不够清楚明晰的情况下,如果我(在意志上)放弃对它作出判断,那么我就做得恰当,并且不犯错误。但是,如果我对它作出某种肯定或否定,那么,我就是在不恰当地使用了我的自由。如果我肯定了虚假的一面,那么,我显然是出错了;即使我肯定了真实的一面,那也只是偶然碰对了,我并不由此而避免过错。因为自然的洞见告诉我,理智的认识必定总是先于意志的决定。"① 在笛卡尔看来,意志行使自由必须要以理智认识为前提,对理智活动中有清晰认识的事物,意志才会有一种强烈的倾向去肯定或否定它,即对事物的真假、好坏和善恶进行决断。如果是理智认识得不够清晰明了的事物,意志也就陷入无动于衷、无从决断的困境中了。

数学家莱布尼茨在某种意义上可以说是研究力量形而上学的近代哲学大家,他认为意志则是表象(perceptio)和欲望(appetitus)的统一。力量或力的概念,德语表述为 kraft,莱布尼茨认为对于解释实体之实体性具有建设性意义,但他在这里并没有说明力的特征与实体的统一之间的内在关联,而他做的仅限于一项基本任务:把在力量的名下所理解的东西搞清楚。确切地说,是通过与经院哲学时期的形而上学基本概念裸力(potentia nuda)或活动(actio)的区分来理解力量的概念。莱布尼茨受到亚里士多德主义的影响较深,但最后他超越了亚里士多德主义:"当我从亚里士多德的桎梏中解脱出来时——我曾赞成虚空和原子,因为这些原理顶多可以满足想象,而当我大量思考之后重提这些东西时,我认识到,在单纯的质料或消极的东西中,去寻求某种真实的统一之原则是不可能的,因为这里的一切都只是部分集聚或堆积,直至无穷。"② 这就是说,莱布尼茨最后认识到:消极的或本身需要统一的被动的东西,不可能成为某种基本单元。基本单元原则上要从某种本身积极的、统一的,因而具备主动性的东西中去寻找。这也预示着他将要构建一种具备活力的形而上学——单子论。

有时莱布尼茨也把作用力(vis activa)称为隐德莱希,vis activa 和以往经院哲学所讲的积极能力(potentia active)概念不同,在经院哲学中 potentia active 是与 potentia passiva(消极能力)相对的一个概念,共同组成了物理性事物存在的客观能力（potentia objectiva）。托马斯在《关于潜能的论辩集》中明确将力量分为两重：积极能力和消极能力。"积极的能力不与活动矛盾，而是基于活动，因为任何事物都因其是现实的而活动；但消极的能力则与活动矛盾，因为任何事物都因其是潜在的而是消极的"。[①] 但是，potentia active 只是一种纯粹的作用能力，而且这种能力近乎作用但还没有发生作用。海德格尔对此评论道："虽然 vis activa 也是某种作用能力，但并非是一种宁静的能力。"[②] vis activa 是某种实现的倾向，一种从自身而来把自己引到作用中的冲动。所谓冲动即是 vis activa 自我推动，不需要有任何的外在的动力。中文的"能力"还不能表达这种力的确切性质，它是一种处在已经被引发、正在实现中但还没有实现的张力状态。强烈的欲求受到阻碍，这个阻碍不同于亚里士多德所说的外在阻碍，外在阻碍不仅尽力阻止实现，反过来还褫夺了 vis activa 的动力。可以说这个阻碍是内在的，是它自身设定而又力求克服的东西，作为实现的一环，阻碍更彰显了这个欲求的强力本质。这种冲动本身就是动力，依其本性正是被它自己所推动。冲动现象不仅可以说从自身出发就携带着发动意义上的原因，而且冲动本身已经发动，但是这样发动，即它此时总还被充盈、被绷紧，像一张拉满的弓。莱布尼茨描述说："被自己发动起来而无需外助，只需消除些障碍即可。"他让"单子"都带上 vis activa 这一特质，单子被解释为原始力（vis primitiva）、先在冲动力（nisus prae-existens），他解释说："这种力包含于每一个实体中（构成实体之实体性），而且它始终产生出某种作用。"[③]单子作为生产性的先天欲求起到统一作用而使存在者的世界成为整体。

谢林在 16 岁的时候读过《单子论》并受其影响，他在《论人的自由的本质》中写道："In the final and highest instance, there is no other Being than will. Will is primordial Being."（在最终和最高本质上，除了意志之外无其他存在。意志就是原始存在。）[④]意志是表象和欲望的统一体，作为活动的意志表现为欲求的力量，但不是盲目的本能和冲动，而是为被意欲的东西的表象所引导规定。表象和欲望不是两种属性，恰恰是同一种东西。"This

---

① 托马斯：《神学大全》，段德智译，商务印书馆 2013 年版，第 154 页。
② 海德格尔：《路标》，孙周兴译，商务印书馆 2000 年版，第 91 页。
③ 《莱布尼茨文集》（第四卷），格哈德版，第 470 页。
④ 谢林：《论人的自由的本质》（第一卷），第七章，第 350 页。

does not mean that substance is first of something for itself and then after that two qualities. "① 它们始源性地结合在意志当中,成了自为持存的实体,意志就是最高的实体。谢林由此论证了这个实体先天的自由本质。

在黑格尔那里,意志被把握为与知识(wissen)具有相同本质的东西。知识的顶端即"理念"是最绝对的精神,通过最纯粹的自然本性——辩证运动把一切存在者保持其内,因而是最自由的,也是原初的直接性和普遍性。黑格尔不同于柏拉图,"理念"对自身来说就不能保持纯粹的了,因为精神在具体事物的发展之中得到实现。这里也揭示了一条黑格尔隐晦的原则,精神具有物质的力量。它不是纯思想概念,而是欲求可能之物并在这个对象的表象引导之下规定自己。精神的唯一目的就是向着绝对发展,突破自身,消除障碍,克服阻力,这个过程和欲求力的实现过程相似,毋宁说本来就是同一个东西,只不过黑格尔后来又添设了思辨的目标。

我们可以从他的《精神现象学》中来分析他是怎样把自己的思辨强加到这个过程中的。在意识形成确证性的阶段,他认为"自我意识就是欲望",然后把自我意识分化为主人意识和奴隶意识。主奴关系中,由于自我意识的二重性,主人和奴隶既互为存在又相互斗争。主人有支配奴隶的力量,所以是主人。奴隶依赖主人存在,但是也有支配物的力量。主人可以消灭奴隶,是绝对的否定,所以奴隶完全没有本质。奴隶生活在恐惧中,只有在劳动中陶冶自己,铸造自己。在这一过程中,铸造物的力量成了构成奴隶的本质,而主人由于支配奴隶也间接地获得了这一力量。理解黑格尔思辨哲学的关键是这句话:"这样一来,他(主人)就只把他自己与物的非独立性相结合,而予以尽情享受。"② 黑格尔为了实现自我意识的辩证发展,首先形式化地分割了独立性与非独立性,主人只有非独立性,而奴隶不得不面对独立性。事实上,主人也有与物的独立性相结合。主人的支配力不仅仅对奴隶,也及于奴隶所面对的物。假使主人此时把奴隶当作自己的器官,或当作自身的一个环节加以扬弃,主人就直接地与物的独立性相结合。假使主人依旧作纯粹的主人,只保持对奴隶的直接支配,那么对物的独立性的结合也是间接的,而不是没有。主人和奴隶一样,都在不断地确证自己的本质。主人的力

---

① Martin Heidegger, *Schelling's Treatise on the Essence of Human Freedom*, J. Stambaugh, Ohio University Press, 1984

② 黑格尔:《精神现象学》,贺麟、王玖兴译,商务印书馆 1979 年版,第 128 页。

量也不是奴隶所赋予的,而是主人更有力量去获得奴隶的力量。主人和奴隶的区别只是克服物的独立性所用的力量的强弱而已。黑格尔仅仅是为了精神的运动,把这段对主奴关系的分析变成了奴隶向主人的过渡。

黑格尔将力变成一种知性认知的概念进行分析:"我们于分析这一认识过程时首先还必须站到意识的地位,以'概念'自居,因为概念能掌握全体,并能够把包含在结果中的东西发挥出来。"①在他看来,力可以分为两种,第一种是被诱导的力,表现为被抛弃一边的本质、为共同的媒介,或者为独立的质料之持存。第二种是能诱导的力,使各自独立存在的质料消失其存在,表现为返回自身的力。这两种力交互作用,共同组成现象界。黑格尔说:"这两种力作为自为存在的东西而存在,但是它们的存在是这样一种相互间的辩证运动:它们的存在纯粹是一种被对方所建立起来的存在,这就是说,它们的存在纯粹具有消失的意义。"②他的意思无非是说:现实的两种力通过辩证运动才能达到力的本质概念。换言之,力的本质概念里就会规定将自己一分为二从而化为现实:"作为他物而出现的并且作用于它,既诱导它外在化自己又诱导它返回到自己的东西。"但是黑格尔站在理智主义的立场,并没有同等地看待两种力的地位,第一种力是感性的、直接的、客观的力,有待于否定;第二种是知性的对象的力,是事物的内在核心,是力的真实本质。力与力之间的交互作用就是现象界的真理,我们把握为"绝对的普遍差别",即一般的、确定的规律。这里黑格尔描述了力的运动的普遍法则和现象界的世界图景:"既没有某种独立的个别的东西,也没有种种不同的对立,而那存在于这种绝对变化之中的只有那作为普遍差别的差别,或者那许多对立都已经消除了的差别。所以这种普遍差别是力的交替作用本身中的单纯成分,而且是力的交替作用中的真理;这就是力的规律。"③通过力的运动过渡到知性能认识的规律的王国,知性的力才被黑格尔称之为真实,这种有差别的设定与他的"现实→概念"反亚里士多德主义的论证路线完全一致。

很明显,黑格尔对力的分析还笼罩着一层 idealism(理念主义)的面纱。希腊哲学的一条主线是对理性的崇拜,苏格拉底把知识等同于美德,而把美

---

① 黑格尔:《精神现象学》,贺麟、王玖兴译,商务印书馆 1979 年版,第 100 页。
② 黑格尔:《精神现象学》,贺麟、王玖兴译,商务印书馆 1979 年版,第 106 页。
③ 黑格尔:《精神现象学》,贺麟、王玖兴译,商务印书馆 1979 年版,第 112 页。

德说成是用践行来完成的。柏拉图漠视了身体力量,他最完善的"理念"完全排斥了激情和感性。虽然在《理想国》中说哲学家和护卫者"生活得比最幸福的奥林匹克的胜利者还要幸福",因为他们是保卫国家的智慧和能力,但是他始终认为:"体育应服务于人的高尚情操原则和爱智原则。"①即追求力量不仅要和追求智慧相和谐,而且最终的目的应符合"理念"的型相。"理念"存在在最高阶梯上,是一切存在者得以存在的依据,且赋予所有存在者意义和价值。柏拉图主义成了形而上学,而作为形而上学的集大成者,黑格尔哲学是完成了的柏拉图主义。

　　Idealism 把一切"存在"都当作了存在者来看,如海德格尔所说,真正的"存在"恰恰被遗忘了。黑格尔与此前的柏拉图主义者一样保持相同的眼界,他把"存在"规定为"无规定的直接性"这一范畴,并且以此来奠基《逻辑学》中所有更进一步的范畴演绎。这种完成了的柏拉图主义丧失了"在—世界中—存在"的根基,因而在尼采看来,刚好达到了虚无主义的极致。他对此批评道:"在柏拉图那里,在一个具有过度兴奋的感性和狂热的人那里,概念的魔力是如此之大,以至于他不由自主地把概念当作理想形式来供奉和神化。"②

2.3　近代意志哲学

　　在之前经院哲学的讨论里,司各脱认为理智只有通过意志才能发挥作用,意志成为第一位的存在,意志主义是亚里士多德主义发展的必然结果。在神学逐渐退场的近代,被某种信仰形式所掩盖的意志哲学和生命哲学开始发出独立的声音。霍布斯分析过意志欲望对人的行为的影响。休谟分析过理智怎样服从激情、欲望和意志。帕斯卡尔在反理性主义的立场分析人的本能、情感与意志的关系问题。卢梭强调了意志的基础性地位以及对个人道德的完善和共同生活的影响。康德在《实践理性批判》中的"绝对命令"也带有意志主义的成分。以至于后期的罗素评价说,意志主义就是从卢梭

---

①　Plato, *The Collected Dialogues of Plato*, Including the Letters. Princeton University, 1994, p. 147.

②　尼采:《权力意志》,孙周兴译,商务印书馆 2007 年版,第 34 页。

和康德的思想中脱胎而来。

克尔凯郭尔完全有别于奥古斯丁关于自由意志的分析,他认为意志一开始就和罪孽联系在一起。克尔凯郭尔说:"但是,困难在哪里呢? 是在这一点上,苏格拉底式的东西对这一点是注意的,但只是在一定程度上,并且试图对它加以纠正,这里缺少一种从理解到行动的过渡的辩证规定。基督教的东西开始于这一过渡,它在踏上这条路的时候表明,罪孽在意志之中,并且得出固执的概念;然后为了把结果确定下来,它补充了继承罪孽的教义。"①克尔凯郭尔认为从独立的意志中生长出来的罪孽,是不可以被相同的意志消除的。当自我在罪孽的自由中这样躲避在自己的内在性里以逃避难以置信的崩溃,其实正在趋向崩溃的边缘。个体背弃上帝的意志,只是感受到自己需要承担意志选择的后果,极端孤独中会导致绝望。绝望分解了自我,破裂的碎片是希望的标志。这在克尔凯郭尔的著作中是最内在的,因此对他来说是隐蔽的辩证法真理。因为拒绝了理性的召唤,意志趋向信仰,所谓信仰,即相信"逻辑上不可能"之物。意欲不可能之物已经超出人类理解的能力,而只是一种悖谬的可能性。悖谬是绝对孤独的力量,拒绝其他个体的理解,这种力量只有来自于神。在绝对孤独中,个体才能领会神的力量。领会但又不能盲从,信仰神而又与之斗争,克尔凯郭尔自认为自己从事着一种伟大的哲学:"每个人是因其奋斗献身的事业而区分出伟大程度的:与天地人奋斗者因其征服世界而伟大;与自己搏斗者因战胜自己而更伟大;但是,与帝搏斗者乃一切伟大者中最伟大者。"②从这个意义上说克尔凯郭尔哲学是悲观主义并不非常恰当,他将个体置于最孤独的境地并通过荒诞的方式领会神,需要巨大的勇气和坚毅的意志。借助超越性的力量直接与神对话从而唤醒"真正意义的个人",也是具备正面积极的哲学意蕴的。

叔本华公开批判当时以黑格尔为主要代表的理性形而上学,并宣称他的思想将要改变德国哲学发展方向。然而事实并不遂如人意,他在柏林大学的课堂据说只有三个学生来选修,出版的代表作《作为意志和表象的世界》几乎无人问津,最后被当成废纸出售。但无可置疑的是,叔本华公开宣扬了"意志高于理性"的非传统观点,他的哲学反省理性主义的弊端,并引领了西方哲学近现代转型的潮流。

---

①　《克尔凯郭尔著作全集》(第 8 卷),普林斯顿大学出版社 1983 年版,第 90 页。
②　S. Kierkegaar, *Fear and Trembling*, Penguin Books, 2006. p. 50.

　　叔本华的世界体系是二重性的："这世界的一面是表象，另一面始终是意志。"表象构成了以充足理由律为依据的现象世界，意志构成了真正的本质的世界，意志就是世界的最内在的本质。叔本华喜欢将意志称为"世界的谜底"："这个谜底叫做意志。这，也唯有这，才给了主体理解自己这现象的那把钥匙，才分别对它揭露了和指出了它的本质，它的行为和行动的意义和内在动力。"①意志就是所有事物的原因和动力："所有那些在原因后又有原因的线索上，按规律呈现的一切基本动力都只能从意志得到说明。"②在此意义上叔本华批评了康德哲学的不彻底性和局限：世界最内在的本质是自在之物，而自在之物究竟如何？康德只是谨慎地宣布为不可知。叔本华说，自在之物的本质就是意志，自在之物的世界就是意志的世界。

　　叔本华一步步论证世界的本质是意志的论点。他首先说明人的真正本质就是意志。就客体角度来说，人的身体是表象世界的一部分，是对象性的存在，也是受动的存在。这些属性不足以说明人的本质，也无法将人与其他事物相区分，唯有从人的主体角度才能说明特质。人如何行使其主动性？传统理性主义哲学家把理性（思维）看作是主动性的核心。理性是最初的动力和原因，是人的本质存在。但就理性是表象世界最普遍的法则和最充足理由律来说，理性也不能标识为人的特质。所以，叔本华认为人的本质肯定是与理性完全不同的东西，是高于理性的东西，这就是意志。人首先有意志，然后才认识想要认识的东西。人的理性（思维）不过是意志的表现方式。从表面上看人的意志欲望似乎受理性的指导和支配。其实理性的目的不是其本身，而是作为满足意志的手段。人最本质的内在就是情感和欲望，意志就是人的本质。第二层论证，叔本华用了类比法推论出整个世界的本质也是意志。因为人是宇宙的一部分，既然人有意志和欲望，人的一切都由意志和欲望支配，那整个宇宙也必然是这样。整个宇宙充斥着意志，意志无所不在："既是每一特殊事物的内在本质和核心，也是全部事物的本质和核心，它既表现于盲目的自然力中，也表现于人的自觉的行动中。"③

　　在说明了作为超理性的情欲的意志成为事物的本质核心之后，叔本华又着重解释了"力"的概念，并借此来区分出意志的不同级别。在他看来，最

①　叔本华：《作为意志和表象的世界》，石冲白译，商务印书馆1982年版，第151页。
②　叔本华：《作为意志和表象的世界》，石冲白译，商务印书馆1982年版，第59页。
③　叔本华：《作为意志和表象的世界》，石冲白译，商务印书馆1982年版，第233页。

原始的、最普遍的自然力是意志客体化的最低等级,意志表现为盲目的冲动,分属于现有一切物质,作为物质的某种属性,如重力、不可透入性等等,这种力必须在时间和空间中发生,根据却落在因果关系的链条之外,是一种"隐秘属性"。稍微高级一些的意志是显著的个性,在高等动物尤其是人身上常见。这些力当然也是意志的现象,这些现象中又有个别特性或强或弱地出现,以及由动机推动的行为,犹如自然界中的结晶体:"它是趋向固定方向的冲力的一个单位,在僵化作用中冻结而留下了那冲力的痕迹。"①最高级的意志是主动性的生命意志,是不服从根据律的形态,排除了时空属性的影响。这种力的动因只能从自身去寻找,而不能从低级别的自然力的普遍性中去寻找。叔本华据此批判了以往的自然科学和哲学,将高级别的力还原成低级别的力:"把一切原始的'力'都否定掉,直到剩下一种,那最普遍的一种,例如不可透入性,这也就是它自以为能够彻底了解的,因而横蛮地要把一切其他的力还原为这一种,那么它就挖掉了自己的墙脚,它提出的就只能是谬论而不是真理了。"②

值得一提的是,叔本华认为越低等级的力越容易发生斗争,因为不自明的意志的现象会陷入相互冲突。"这时每一现象都在因果性的线索上争着要占据眼前现有的物质。于是,从这冲突中产生的是一个高级一些的理念的现象,这现象把原先所有的一切较不完备的现象都降服了。"③从无机体开始,自然界的各种力相互斗争,从而产生出更高等级的力,较低的意志通过吸收被降服的其他意志而成为较高的意志,等等,这些思想都成为尼采的永远追求强大的"强力意志"的源头。

完成了的柏拉图主义走到了理性发展的顶端,也预示将走向狂热的感性,理性主义走到了反面,它不再以自身为根据,也不再以对象为根据,在摇摇欲坠的过程中,它本能地把信仰当作是最后的靠山。哲学和神学和解了,基督教的胜利是当代欧洲最强大的虚无主义,虚无主义是以往最高价值之贬黜的过程。人类历史中所有的目的和意义的设定和寻找成了一种自我欺骗,生命道路上的一切行进,一切进展,一切生成,都变得一无所有。唯有保证一个彼岸世界的存在,此岸世界的生活才可以忍受。虚无主义的内在逻

---

①　叔本华:《作为意志和表象的世界》,石冲白译,商务印书馆 1982 年版,第 193 页。
②　叔本华:《作为意志和表象的世界》,石冲白译,商务印书馆 1982 年版,第 205 页。
③　叔本华:《作为意志和表象的世界》,石冲白译,商务印书馆 1982 年版,第 210 页。

辑不仅使自身不断沉沦,而且向外指引或者挟持周围之物不断走向虚无。极端的理性主义就是虚无主义。理性形而上学迫使存在者整体进入虚无主义的深渊,而思想为了反抗这种压迫只能用颠倒形而上学的方式去继续追求真理。海德格尔说:"形而上学就是柏拉图主义。尼采把他自己的哲学标示为颠倒了的柏拉图主义。随着这一已经由卡尔·马克思完成了的对形而上学的颠倒,哲学达到了最极端的可能性。"①这段话说出了两层意思:尼采对形而上学的颠倒和马克思完成了这一颠倒。

我们遵循海德格尔的思路,首先来理解尼采是怎么颠倒形而上学的。形而上学是柏拉图主义,柏拉图主义又是什么? 毫无疑问,柏拉图主义是关于存在者存在的学说,这种学说具有塔式的阶层结构,存在者被按照某种秩序层层地叠加起来,最高的阶层是超感性领域的"理念",然后"理念"逐级下降,最后到事物世界的感性领域。这种排列预设了"理念"的高层位置,并且作为价值尺度来规范低层的感性领域。理念世界成了真实的可能的世界,事物世界成了虚假的模仿的世界。尼采将他的哲学标示为颠倒了的柏拉图主义,这并不意味着尼采仅仅对塔式的阶层结构作了一个倒转,把感性领域置于超感性领域之上。如果这样,那么感性领域占据了原来超感性领域的位置,超感性领域被排列到原来感性领域的位置,上下层的阶层结构并没有改变,位置本身还存在着、有保留,也就谈不上彻底克服了柏拉图主义。只有彻底消解了这个塔式的阶层结构,放弃对至上性和真实性的高层顶端的无意义追求,虚无主义才能真正被瓦解。

尼采正是在这一前提下颠覆了以往的形而上学,并展开了他的"强力意志"(der wille zur macht)②学说:所谓的真实世界,不过是还在持续不断生长的强力意志而已。意志彻底摆脱了"理智"、"欲求"、"精神"等外在束缚,只剩下单纯的追求某物的意愿。而"强力"意味着力量的实施。总之,强力意志就是追求强力的意志。强力意志具有以下三个特征:

(1)强力意志的强力是追求更强大的强力。强力(macht)具有力量(kraft)的一般特性:凝聚于自身并引起作用的能力。而且是追求强大的能

① 海德格尔:《面向思的事情》,陈小文、孙周兴译,商务印书馆 1999 年版,第 70 页。
② 注:有的文章译作"权力意志",中文的"权力"有权势、权谋、权术等诸多引申义,尼采的"权力"本意是强大的支配力,德格尔著《尼采》中译为"强力意志",为避免过度诠释,本书尽量采用后一种翻译。

力,不仅表现在对弱力意志(weak will)的征服和支配,而且表现在对自己的超越。强力只有保持为"更……强大"的倾向,保持在永不停息的提升增长意愿当中,强力才得以存在。如果强力停止了这种运动,仅仅具有支配力保存维持这一地位,那么它将固执地沉溺其中并丧失自己的本质。强力意志学说是对"适者生存"的达尔文主义的批判,不是环境改变生命,而是生命改变环境。生命不再被动地保持适应,也不是简单地固守原有的本质,而是,突破自身并且把自己保持在永远力求更多的强力意愿当中(mehr-sein-wollen)。甚至,生命的最高目的不再是保存自身,而是更多的强力之增殖。强力是生命的创造力,是高贵者和卓越者的来源。力量之不断强大的渴求彰显了生命永不枯竭的本性,尼采称之为"永不枯竭的增殖着的生命力"。[1]

（2）强力意志是追求增长强大的意志。堕落的、颓废的和败坏了的意志不是强力意志。强力意志并不惧怕这些向下意志玷污自己,而在不断的克服中彰显了自己的纯粹性。即使是下降到极致——虚无的意志也不能构成了强力意志的对立面,意愿虚无也是一种意志,还有命令的形式,只不过追求的对象是虚无。强力意志的对立面是不意愿。强力意志是自由的意志,但不同于亚里士多德的具有相反作用的理智公式和奥古斯丁的既能服从上帝,又会听从低等存在者诱惑的自由意志。尼采认为自由的第一规定性就是力量,意志如何变得有力,同时就会获得相等程度的自由。自由体现在强力意志对那些向下的弱力意志之克服,对实现自身的阻力之克服。"依据必须克服的阻力,依据保持在上所付出的努力。自由人的最高类型必须到最大阻力恒久地被克服的地方去寻找:离暴政五步远,紧挨着被奴役的危险。"[2]从思想史看,强力意志是自由意志的一种,但它没有意愿相反的东西,具有原始的单一的纯粹性。从内容看,它排斥、征服和消灭相反的意志,所以是自由意志的全部。于是尼采说:"一切基于意图的事件都可以还原到强力之增殖的意图。"[3]

（3）强力和意志是同一个东西。在深层次的存在之根基处,强力意志是原初的完整统一体,尼采并不认为首先有强力和意志,然后两者再发生某种联系。相反,强力和意志只有在强力意志得到规定后才各自获得意义。强

---

① 参阅尼采:《查拉图斯特拉如是说》,孙周兴译,上海人民出版社 2009 年版。
② 尼采:《偶像的黄昏》,李超杰译,商务印书馆 2012 年版,第 150 页。
③ 尼采:《权力意志》,孙周兴译,商务印书馆 2007 年版,第 32 页。

力意志是存在的最内在的本质,是存在者本身的基本特征。强力和意志都是存在者如何"在着"的一环。"强力"不是意志的附庸,不是意志的外在目的,而是意志向上的追求增长的本质。"意志"的内在规定性就是强力,包含了命令形式和服从的必然性。强力意志表明了存在者如此这般存在以及如何去存在。

　　尼采对强力意志的研究是从最基本的生命现象开始的。他将第一部分称为"强力生理学",微小的有机分子中就包含有强力意志。"营养只是贪得无厌的占有、强力意志的结果。生育,在支配性的细胞无能于组织占有的东西时出现的衰变。构成性的力量就是要储备常新的'材料'(更多'力量')的力量。从卵细胞中构造一个有机体的杰作。"[①]所以,强力意志就是生命。"意愿拥有并且意愿更多地拥有,质言之,意愿增殖——这就是生命本身。"[②]但强力意志不单单是生命本身,它追求的不仅仅是保存生命,而且是生命得以超越自身的强力。"但凡有生命之处,便也有意志,然而不是求生命的意志,而是求强力的意志。"更多的力量才是生命的真正目的。这种高于生命的目的常常被后人误解为对生命的漠视、暴力的正当性和法西斯主义的先驱。误解恰恰暴露出历史性的理性思想资源之贫瘠,其实,我们并没有理解尼采,也没有理解生命本质。

　　首先,尼采肯定生命,热爱生命,推崇高昂豪放、健康快乐的生活态度。他认为古希腊社会的生活才是值得追求的典型,希腊人无忧无虑地享受着节庆、宴饮、竞技、艺术、攻战,没有罪恶感,更没有匮乏感。其次,尼采在更广泛的意义上诠释了生命。生命是必须不断自我超越的东西,生命本性就是要享受和扩展自身所蕴含的力量,藉此突破个体的局部的限制。叔本华的生命意志没有高出生命,只是盲目适应保存生命而又必然寂灭的力量,所以他得出了生命无意义的结论。一个高于生命的目的并不会忽略生命,而是使生命变得有根有据。最后,习以为常的认识模式不能站在生命立场来思考生命。习以为常的模式总是把陌生归结为熟悉,把未知归结为已知。习以为常就是对新鲜、令人诧异之物的感受的麻木化。尼采批评道,理智主义在最表面的现象中,最能计算和查明数量的"贫乏可怜的此在领域"得到了扩建并硕果累累。人们为了"可靠性"去寻找规则,"但在理智的可靠性背

---

　　① 尼采:《权力意志》,孙周兴译,商务印书馆 2007 年版,第 30 页。
　　② 尼采:《权力意志》,孙周兴译,商务印书馆 2007 年版,第 36 页。

后,却隐藏着对一种恐惧的安抚,他们想要规则,因为他们解除了世界的恐惧性。"①敢于认识生命本质的人必然要具有战胜这种恐惧的勇气。强力意志就是"一种对已经达到的东西的勇敢意识和肯定",生命不是单纯的对前进运动中的障碍进行抵抗和反应的行动,而是意愿把一切包括于自身当中,成为新的组织中心的一种释放。一种生命的快乐,作为征服的权力感和优越感而出现。尼采引用了古罗马诗人卢齐利乌斯的诗句:

> 看哪,力量就是生命,正是它迫使我们作出一切。

尼采理解的强大的心灵,是具备强力意志的心灵,是永远快乐的心灵。"一颗丰盈而强大的心灵不光能对付痛苦的,甚至可怕的损失、匮乏、剥夺、轻蔑:它是从此类地狱中走出来的,带有更伟大的丰富性和强大性;而且极而言之,具有一种在爱之福乐当中的全新生长。"②感觉不仅仅只是感觉,感觉具备现实的作用。尼采视这种心灵的成长为进步:"在我看来,丰富感、变得更强大的感觉,完全撇开斗争中的用场,就是真正的进步;唯有从这种感觉中才产生斗争意志。"③真正的进步需要有现实的运动,是那些"自发的、全部在场的、新的未来的、更强大的"运动,尼采用了一连串的形容词来描述这场运动,他认为这场运动还没有被传统理性所理解,受到了错误的估价,所以他要求"价值重估",要求打破古老传统和老套惯例的束缚。这场运动被形象化为一只锤子去击碎以往树立的权威:柏拉图主义、逻辑学或自然科学。这些旧权威或旧价值体系忽视生命,按尼采说法是"在我们已经达到的最美好和最强大的东西中使我们蒙受耻辱",所以我们必须去推倒了重建。但是这可能会让人类面临无规则、无秩序的危险,因为传统理性主义体系毕竟给人类提供了安全的保障,而且在这个基础上人类的力量才茁壮成长。尼采认为这都是值得的,生命力追求的最高价值不是安全和规则,而是未来和发展。"在我们如此这般摆脱我们的根基之后,我们受到驱动而走向某个目标,而我们还不知道这个目标何在。然而,这个根基本身为我们培育了力量,这种力量现在驱使我们奔向远方,使我们进入冒险,……我们必定成为征服者。"④

---

① 尼采:《权力意志》,孙周兴译,商务印书馆 2007 年版,第 103 页。
② 尼采:《权力意志》,孙周兴译,商务印书馆 2007 年版,第 115 页。
③ 尼采:《权力意志》,孙周兴译,商务印书馆 2007 年版,第 117 页。
④ 尼采:《权力意志》,孙周兴译,商务印书馆 2007 年版,第 68 页。

　　真正的认识是敢于竞争的认识。生命的本质就是生存竞争。尼采所说的竞争不同于达尔文的对有限资源的抢夺,"生命的总体方面与其说是匮乏和饥饿,不如说是丰富、奢华乃至荒唐的浪费。凡有竞争之处,都是为强力而竞争。"①竞争是古老而又繁盛的希腊式本能,是对强力之丰盈的追求。强力意志就是希腊的酒神精神。尼采说:"我是第一人……而认真对待奇妙的所谓酒神现象,它唯有从力量的过剩得到说明。"②与日神阿波罗的宁静遐思的理性不同,酒神狄奥尼索斯充满了狂热奔放的冲动。他们同是德尔斐神庙的神谕发布者,阿波罗教导说"认识你自己",狄奥尼索斯则鼓动"遵循你的身体"。若日神代表了力量之清醒平稳状态,那么酒神代表了力量之迷醉癫狂状态。日神的力量是理智的,总在寻找某种"边界"和"限制"。而酒神的力量则是自由的,唯一方向就是"力量提高之感和充实感",是"一种高度的力感,一种通过事物来反映自身的充实和完满的内在冲动"。③ 尼采认为酒神精神中的放纵、狂欢、疯癫的现象核心是比日神精神更为始源的内在驱动力,这种驱动力更加始源地规定了人之为人的本质。尼采在哲学史上第一次把酒神精神规定为形而上学的本体:强力意志。也就是说,尼采是开启力量本体化道路的第一人。

　　强力意志概念在形而上学意义上保持了高度纯粹同一性,是无机界、有机界和人类社会一切现象的本体。"这个世界就是强力意志,岂有他哉!"④这个世界就是一个按照一定规则排列的力的体系。"假如世界占有一定量的力,那么显而易见,在某个位置上任何一种强力的推移都制约着整个体系——也就是说,除了前后相继的因果性,或许还有一种并列和共存的依赖性。"⑤强力意志是存在者整体的基本特征,既规定如何"在着",又规定如何"生成"。"把存在性质的印记打在生成之上——这就是最高的强力意志。"⑥世界不是但求自我保存的消极生命的堆积,而是"一个奔腾泛滥的力的海洋","永远在自我创造、永远在自我毁灭的酒神世界"。它在其永恒生成中"肯定自己,祝福自己是永远必定回来的东西,是一种不知满足、不知厌

　　① 尼采:《偶像的黄昏》,李超杰译,商务印书馆 2012 年版,第 127 页。
　　② 尼采:《偶像的黄昏》,李超杰译,商务印书馆 2012 年版,第 170 页。
　　③ 尼采:《偶像的黄昏》,李超杰译,商务印书馆 2012 年版,第 123 页。
　　④ 尼采:《权力意志》,孙周兴译,商务印书馆 2007 年版,第 102 页。
　　⑤ 尼采:《权力意志》,孙周兴译,商务印书馆 2007 年版,第 27 页。
　　⑥ 尼采:《权力意志》,孙周兴译,商务印书馆 2007 年版,第 68 页。

倦、不知疲劳的迁化"。① 世界的本体就是永恒轮回的强力意志。

　　强力意志的思想可以从亚里士多德的"隐德莱希"、司各脱的"意向"、莱布尼茨的"作用力"、谢林的"自由"和黑格尔的"主奴关系"中发现自己的影子,之前对这些思想的回顾或多或少地揭示出西方思想的一条隐晦的线索。这种谱系学式的回顾保证了尼采学说的血统纯正,但学说的内在力量取决于深刻程度。尼采的伟大之处在于他洞悉了柏拉图主义的本质:理性用"透视性"的眼光,把世界看成是可计量的,这样才获得科学的准确性。尼采认为能被计量和把握的世界是肤浅的,鲜有价值,强力意志意味着对以往一切价值的重估。"肌肉的判断"乃是最高意义上的价值,最大限度地击垮了柏拉图主义赖以存在的理性基础。

　　尼采的颠倒并没有逃出形而上学的范围,强力意志的增长最终实现的是"永恒轮回",他的哲学最终也成为形而上学,但却预示着形而上学的终结,"我们不再能够看到形而上学的其他什么可能性了"。② 海德格尔把尼采称为西方的最后一位形而上学家。

2.4　马克思哲学向希腊传统的回归

　　马克思完成了这一颠倒,就是说马克思真正终结了形而上学。以往的文献中,马克思承认他的哲学是对黑格尔哲学的颠倒,但是他绝没有想到自己会完成了尼采的颠倒任务。从时间上看也不可能,马克思思想的成熟比尼采还更早一些。这更使人疑惑了:海德格尔的这种说法有没有根据?

　　海德格尔不是在时间顺序,而是在思想史的逻辑顺序下断定马克思完成了对形而上学的颠倒。所谓完成的彻底,是指思想真正突破了自身,哲学在思辨之外寻找自己的根据。马克思希望自己的"哲学"不成为哲学而成为科学,他认为:"在思辨终止的地方,在现实生活面前,正是描述人们实践活动和实际发展过程的真正的实证科学开始的地方。"③哲学的问题不在于解释世界,而在于改变世界,马克思再次颠倒了尼采的"强力意志",把关注点

---

① 尼采:《权力意志》,孙周兴译,商务印书馆2007年版,第154页。
② 《海德格尔选集》,孙周兴译,上海三联书店1996年版,第763页。
③ 《马克思恩格斯选集》(第一卷),人民出版社1995年版,第73页。

落在改变世界的力量上了。这种力量并不是所有无机物和有机物世界的共有特征,这种力量只有作为高等生命的人类才能拥有,是有意识地利用各种手段朝向自己设定的目标前进的理智产物。这种力量是"现实的、肉体的、站在坚实的呈圆形的地球上呼出和吸入一切自然力的人通过自己的外化把自己现实的、对象性的本质力量设定为异己的对象"①的过程。

在马克思看来,力量有两种作用:(1)对象化并改变世界;(2)构成人的本质。这正反两方面规定着力量活动的特征,也规定着力量的本质。"每一种本质力量的独特性,恰好就是这种本质力量的独特的本质,因而也是它的对象化的独特方式,它的对象性的、现实的、活生生的存在的独特方式。"②力量的潜在意义就是把自身释放出来,有意识地投放到对象世界,去改变、创造自然的东西。同时这一进程也规定着人作为实施者存在。黑格尔把人固定化为"自我",但这个"自我"不过是被抽象理解和通过抽象而产生出来的人,人的本质只是某种自我意识。自我意识的外化又设定物性,所以黑格尔的对象化仅是自我意识的外化。黑格尔不明白的是"自我性"(Selbstigkeit)在人身上最核心的内容是本质力量。人的每一种本质力量都具有"自我性"。"自我性"奠基于力量上,而不是意识上。人的本质力量拥有自我意识的质,但人的自我意识却无法拥有本质力量的质。马克思强调这一进程是现实的、活生生的存在,不仅出于反对抽象思辨的需要,更是出于对本体论抉择③等重大问题所持立场的考虑。

对象化是人的本质力量的外化,是力量从人身上的相对静态形式——诸如欲望、才能和禀赋等转化到自然界物体或结构的静态形式的过程。在这一过程中力量没有增减,仅是从身体内转到周围的自然,从而使部分自然界成为属人的自然,从而使人的周围环境也拥有身体机能,所以马克思说自然成了人的无机身体。力量对象化是个主体客体化和客体主体化的双向过程,主体的力量逐渐成为客体的存在,而客体的存在逐渐拥有主体的本质和结构,愈来愈表现出主体的力量特征。对象化打破了主客体之间的界限,同

---

① 马克思:《1844 年经济学哲学手稿》,中央编译局编译,人民出版社 2002 年版,第 105 页。
② 马克思:《1844 年经济学哲学手稿》,中央编译局编译,人民出版社 2002 年版,第 87 页。
③ 注:在此有的学者会持反对意见,认为马克思的学说是无本体论的。本书认为任何系统的学说必须得有个一以贯之的原则,它可以不在学说中明示,但必须作为隐含的立场存在。综合马克思所受的传统哲学教育、他的希腊先哲般的社会理想和学说中努力保持的客观结构,马克思哲学有一个本体的观点基本可信。

时也解决了认识何以可能的难题。对象化既是一个受动存在的过程，也是一个主动存在的过程。对象化不是盲目的、无序的转化和生成，任何主体都有对象，主体的对象限制了他的行动，因为"他的欲望的对象是不依赖于他的对象而存在于他之外的"，而这些对象恰恰又是他所需要的，"它感到自己是受动的，所以是一个激情的存在物。激情、热情是人强烈追求的对象的本质力量。"① 对象化是人的力量积极追求自己本质的结果，力量本性上就不是宁静的，而是一种激情、热情，一种翻腾的海洋。对象化也是主动的"创造和设定对象"的过程，这种创造和设定的结果既可能是自然界物体或结构，也可能是作为历史文化的社会产物——人。

人的本质就是人的现实，就是人的本质力量的现实。而人的本质力量的现实就是力量的本质特征，所以人的本质就是人的本质力量。马克思是从对象化这一过程中作为力量的实施者来定义人的本质。因为一切对象化的开始，只有当对象成为人的对象并成为他自身可能确证和实现个性的载体时才能实现。而"对象如何对他来说成为他的对象，这取决于对象的性质以及与之相适应的本质力量的性质"。人的本质是历史性的，是在对象化力量的进程中逐步发展起来的。如果说工业是人的本质力量的公开展示，那么，"工业的历史和工业的已经生成的对象性的存在，是一本打开了的关于人的本质力量的书，是感性地摆在我们面前的人的心理学"。从这本心理学书中我们可以解读出人类完全不同于自然界的特质。人的本质是社会性的，人的本质力量对象化到自然后生成了社会。"已经生成的社会，创造着具有人的本质的这种全部丰富性的人，创造着具有丰富的、全面而深刻的感觉的人作为这个社会的恒久的现实。"② 人的身体也不全是自然形成的，人的感觉也具备社会性。"社会的人的感觉不同于非社会的人的感觉。只是由于人的本质客观地展开的丰富性，主体的、人的感性的丰富性，如有音乐感的耳朵、能感受形式美的眼睛，总之，那些能成为人的享受的感觉，即确证自己是人的本质力量的感觉，才一部分发展起来，一部分产生出来。"③ 最后马克思下的结论是：不仅五官感觉，而且连所谓的精神感觉、实践感觉（意志、爱等等），所有的人的本性的东西都是社会产生出来的。人的本质既是

---

① 马克思：《1844 年经济学哲学手稿》，中央编译局编译，人民出版社 2002 年版，第 107 页。

② 马克思：《1844 年经济学哲学手稿》，中央编译局编译，人民出版社 2002 年版，第 88 页。

③ 马克思：《1844 年经济学哲学手稿》，中央编译局编译，人民出版社 2002 年版，第 87 页。

历史的、也是社会的,这就是说,已对象化的并长期积累的本质力量(工业社会)熏陶培育着还未对象化的本质力量(人性)的结构和形式,并最终达成一致。

通过人的活动——劳动真正完成了对象化的现实效用,"劳动的现实化就是劳动的对象化"。劳动不仅生产出使对象化力量得以固定其中的物,也使人作为劳动者来规定人的本质。"真正的人是他自己劳动的结果",这个发现严格来说应算是黑格尔的成就。他是第一个发现劳动的历史秘密的人。在《哲学史讲演录》中他写道:"我们现代的世界所具有的自觉的理性,不是一下子形成的,也不是从现代土壤中生长起来的,而是本质上就存在其中的一种遗产,进一步说,是劳动的成果,而且是人类先前世世代代劳动的成果。"①马克思也承认:"他抓住了劳动的本质,把对象性的人、现实的因而是真正地人理解为他自己的劳动的结果。"②然而黑格尔并没有真正的把握劳动,他只看到劳动积极的一面,没有看到它消极的另一面。劳动不是精神的生成,而是具有精神的人或者作为外化的人的自为生成,是人的本质力量外化出来并改造生成自然界的现实过程。黑格尔把这一切都变成头脑里的思辨:"当他把自然界从自身释放出去时,他实际上从自身释放出去的只是这个抽象的自然界。"③他承认的劳动仅仅是抽象的精神的劳动,所以他的哲学把自然界和人类生活的各个环节看作自我意识的发展阶段,并最终成为没有对象的自我意识——绝对精神。这种剥离了自然界和人类社会独立性而达到的抽象同一是马克思所深恶痛绝的,存在物之外没有自然界,就不是自然存在物。存在物没有对象性的关系,它的存在就不是对象性存在。"非对象性的存在物是非存在物"④。这是因为存在物总是感性的现实,存在总是具体的与周围有所关联的对象性存在,如果一存在物没有对象,那么同时它就丧失了存在的基本属性。劳动就是一个对象性的、感性的人类活动过程,是将作为天赋、才能和欲望存储于人身上的自然力和生命力主动释放的过程。劳动显示出人的全部类力量,而每一次进步,唯有当人们认真地把这些力量作为自己的对象时才能完成。劳动是连接人类和自然界的桥

---

① 黑格尔:《哲学史讲演录》(第一卷),贺麟、王太庆译,商务印书馆 2010 年版,第 12 页。
② 马克思:《1844 年经济学哲学手稿》,中央编译局编译,人民出版社 2002 年版,第 101 页。
③ 马克思:《1844 年经济学哲学手稿》,中央编译局编译,人民出版社 2002 年版,第 117 页。
④ 马克思:《1844 年经济学哲学手稿》,中央编译局编译,人民出版社 2002 年版,第 106 页。

梁,人的本质被规定为不断创造和生成新的力量的主体,自然界是不断融合
了外化了的人的力量的对象世界。劳动不同于以往所有哲学家提出的中介
概念,消解了一切企图弥合主客体中间裂痕的思辨努力,它首先是一个实际
存在的力量转换流动的枢纽。"劳动首先是人和自然之间的过程,是人以自
身的活动来引起、调整和控制人和自然之间的物质变换的过程。人自身作
为一种自然力与自然物质相对立。为了在对自身生活有用的形式上占有自
然物质,人就使他身上的自然力——臂和腿、头和手运动起来。当他通过这
种运动作用于他身外的自然并改变自然时,也就同时改变了他自身的自然。
使他自身的自然中沉睡着的潜力发挥出来,并且使这种力的活动受他自己
的控制。"①从本体论来看,力量既构成了主体(人)又构成了客体(物②),两
者之间并没有不可逾越的鸿沟,而是,主体和客体本来就是一个东西,劳动
者占有劳动产品的同时也就实现了主体和客体的统一。

　　劳动者创造了产品,同时也改变了世界。把劳动者同产品隔离开来,就
是使劳动者与他的世界相隔绝。占有劳动产品,把产品中的人的对象化的
力量重新为人所掌握,是人对自身本质的一种确证。但是由于资本主义的
分工和私有制,劳动者不能完全占有劳动产品,不能掌握原来属于自己的力
量。也就是说,力量为了追求自己的发展同人开始分离了。劳动的过程成
了"异化"的过程。马克思从批判异化入手来分析资本主义积累的实质。
"异化"的原意是自我从根本上分离为行动者和物体,分离为一个力图支配
自己命运的主体和被别人操纵的客体,一种有限的暂时状态,是一种"根深
蒂固地埋藏在人们自我本性之中"的状态。异化的状态下,使得劳动者和产
品不再统一,"工人对自己的劳动的产品的关系就是对一个异己的对象的关
系",而且,"工人在劳动中耗费的力量越多,他亲手创造出来反对自身的、异
己的对象世界的力量就越强大"。③力量强大到一定阶段之后,不仅脱离人
成了独立的存在物——资本,而且这种力量反过来压制人、奴役人,强迫人
按照资本的逻辑去劳动。整个目的倒转过来:资本力量的存在不是为了人
的发展,而是人的存在为了资本力量的发展。力量成了世界的主体,人不过

---

　　①　马克思,《资本论》(第一卷),中央编译局译,人民出版社 2004 年版,第 208 页。
　　②　注:这里的"物"不是一般唯物主义的绝对的客观存在,而是指人的力量能够触及且可能会
触及的存在。马克思从未在本体意义上论证物的存在,本书将物性限定在人的活动范围之内。
　　③　马克思:《1844 年经济学哲学手稿》,中央编译局编译,人民出版社 2002 年版,第 52 页。

是力量为了发展自身的一个手段。这就是最强的左右人类社会命运的资本逻辑，其实是力量无法抵挡的历史发展逻辑：私有制和分工与其说是人类的本质需要，不如说是力量的本质需要。力量为了自身的发展壮大，势必要脱离人的控制。私有制、分工等等社会存在不过是力量的手段而已，为了能达到无限制增长的最终目的。为了克服这种资本逻辑，马克思设想了许多具体方案，比如无产阶级和暴力革命等等，但出发点都是：任何外在的干涉是没有作用的。必须等到资本主义的完全充分的发展，即力量已经没有再进一步拓展的可能，它才能反过来解构自己。

我们可以在与尼采哲学的对比中看出马克思这种颠倒的彻底性：尼采认为征服性的力量组成了整个自然，包括无机世界和有机世界。马克思把力量的范围限定为有机世界中的人，只有人才具有不断创造和生成的本质力量，其他无机物的化学作用和低等生物的生命运动不过是自然本身的运动而已。"强力意志"解释了自然世界，尼采显然还带有自然主义的色彩；马克思则完完全全摒弃了自然主义，把人作为力量的唯一来源。尼采认为世界中强力和弱力不断斗争，结果产生了超人，优秀者又处于一种与群氓的对抗状态下；马克思说明了力量和自己的异化物的矛盾是世界发展的真正核心，劳动者和资本的对抗并不会永远保持张力。尼采认为力量此消彼长，总量是恒定的，因而实现的是"永恒轮回"；马克思把力量置放到一种不断发展的开放性当中。尼采认为世界如掷骰子般永恒轮回，所以一切可能性不过是强力意志的不同排列组合而已；马克思则揭示了可能性乃是人的以往创造性力量的必然结果。

马克思对资本的批判恰恰承认了资本的力量本性。资本作为独立存在的异化力量不再具有个人特征，而是作为社会力量存在的。"资本不是一种个人力量，而是一种社会力量。"①站在"力量"这一本体上看，生产力、劳动和资本是同一个东西，是力量的不同样态，生产力是可能的力量，劳动是现实的力量，资本是已经实现并且支配新力量的力量。作为形而上学的彻底颠倒，"力量"不再是传统意义上不增不减的本体，它不再衍化出现象并作为在现象中隐蔽的本质的形象出现。力量既是"一"又是"多"，是不断增长着的本体，同时又是意愿把整个现象界囊括其中。"力量"不再是个理论范畴，

---

① 《马克思恩格斯选集》（第一卷），人民出版社 1995 年版，第 287 页。

因为"批判的武器不能代替武器的批判,物质力量只能用物质力量来摧毁"。① 力量是一个现实的真正的存在者。人的本质力量,是身体的意志和原初欲求力的统一,真正实现着的"隐德莱希",充盈丰富的"作用力",是人的自由的本质,是"主人"对"奴隶"的控制,是"肌肉的判断"。这就摆脱了近代以来认识论转向后的哲学对内在意识无法超越的困境:思想无法伸出"手"来把握事物。身体的力量轻松就让"手"伸出来了,而且把握的事物不是别的,正是对象化的力量本身。思想正是力量意图把握自身的运动过程。

　　随着这种颠倒的完成,形而上学走向了终结。终结并不意味着结束,相反,终结亦是对新开端的唤醒。对新开端的唤醒需要一种力量的集聚,也就是将以往的一切可能性在终结处毫无限制地展开,把一切长期保留下来的存在者之本质展开为如其所是的统一整体。这不仅需要一种对思想史的有力把握,也必须用自己的方式使思想返身回到开端,并联结起来。兴许马克思本人也没有意识到他和希腊哲学的联系,历史在这里画了一个圆圈,最本真的思考就促使他和古希腊先哲共同面对存在者如何存在这个相同的问题。关于这个问题,希腊哲学有两个基本答案:巴门尼德的"存在者存在"和赫拉克利特的"存在者生成"。马克思通过"人的本质力量"对这两方面的规定进行了联结,"人的本质力量"是意愿超出自身的力量,是不断自行展开、创造生成中存在的,这是赫拉克利特的存在者不停生成的含义。同时力量要有所创造,必须有个持存不变的永恒者作为变化的基础,这就是巴门尼德所说的存在者必须存在的含义。马克思所思考的"人的本质力量"即是:作为一种不断生成、自行展开、具有创造力的永恒者而存在。

---

① 《马克思恩格斯选集》(第一卷),人民出版社 1995 年版,第 9 页。

第 3 章　力量形而上学的本质

　　前两章节对力量的形而上学史作了一番简要的回顾,还有许多思想家的学说中带有对力量的思考,例如马基雅维利的权术和霍布斯的利维坦等等。由于篇幅原因,我们只选择其中比较典型而又有连续性的思想加以说明。形而上学的历史并不能完全说明形而上学的性质,因为形而上学的本质的绝对性,它就不可能内在于时间而存在。时间本身独立于形而上学,"时间不是存在物,它永恒地处在它的流逝中"。① 因此形而上学与时间存在着交互规定的关系。形而上学的历史只是形而上学的本质内容与时间的本质内容的交集部分。关于形而上学的本质仍需进一步论证说明。

　　传统形而上学的本质与一般的学科不同,在于研究对象的特殊性。亚里士多德认为,形而上学是关于普遍范畴的学说。形而上学总是力图分析和联结最一般的范畴,并建立其他较小普遍性的范畴和最大普遍性范畴的联系。这样容易产生一种错觉:形而上学是某种关于名义的定义,而无法涉及实在。唯名论和实在论的争论已久,三世纪就提出的波菲利问题到现在仍没有解决。本书不指望通过像安瑟尔谟的本体论证明一样来一劳永逸地明确坚持实在论立场。唯名论的主要指责就是形而上学不是自然的,它只是人类意向和筹划的结果,所以形而上学不能获得自然的实在性。其实,人类的意向活动并不等同于筹划,意向活动后所获得的历史的客观的因素远远超出筹划。我们承认形而上学不是自然的,这并不妨碍它具有实在的定义。因为实在定义和名义定义之间的区分,并不是以这样一个事实为基础:即实在定义只能运用于自然的东西,而名义定义只能运用于人为事物。真正的区别在于:"定义所指定的充分必要条件是某类事物的条件,还是语言语词的正确用法的条件。"②唯名论总是将语词的有效用法混淆于事物的条件,从而使形而上学概念的实在性消失。康德论证过观念的货币无法等同

---

① 　海德格尔:《面向思的事情》,陈小文、孙周兴译,商务印书馆 1999 年版,第 4 页。
② 　格拉切:《形而上学及其任务》,陶秀璈等译,山东人民出版社 2008 年版,第 5 页。

于口袋里的货币,黑格尔针锋相对地认为这些具体的概念与形而上学概念没有可比性。总之,形而上学的完满概念中应当包含实在性。这样一来,具有实在性的力量的形而上学就是可能的了。

但是对形而上学本身的质疑,尽管出自各种不同的动机:怀疑论、神学、逻辑经验主义和实证主义,一直存在并将继续存在直至形而上学完成自身的明确的合理性证明。这是一个漫长的理想目标,形而上学在种种攻击下仍能够重建自身并恢复活力,并成为人类精神不可或缺的部分。尽管形而上学没有人们想象中那么完美,我们从中实际获取的要比预期的少,但不能因此全面拒斥形而上学。"人类精神任何时候放弃形而上学的沉思,就像为了避免肮脏的空气而宁愿放弃呼吸一样而毫无指望。"①

力量的形而上学史中显示了本质的伟大回归。马克思和古希腊哲学思索共同的东西。伟大的东西从开端起就伟大,因为本质性的东西完满无缺,无可添赋所以伟大。只有非本质的东西,有所欠缺才需不断完善。非本质性的学说,通过后代人的不懈努力才会逐渐变得丰富和充实。从上述历史的回顾可以看出,这是一种伟大的本质性的学说。这样我们就跳过了是否可能存在力量形而上学的证明,跳过了是否存在形而上学的证明,以及力量形而上学是不是形而上学的证明。亚里士多德的"隐德来希"被解释成理智欲望、意向或是意欲等等,意志一般被认为是理性的,到了尼采那里意志则成为强力的本质。为何尼采能够如此坚持这一判断?以下首先分析意志如何进入力量的本质。

3.1　意志进入力量的现象学分析

再也没有比现象学更适合的方法来分析意志进入力量这一过程了。虽然尼采认为两者直接纯粹地同一,但如何使持逻辑主义态度的人们能够信服,需要客观逻辑的证明。胡塞尔就认为,"逻辑理性具有唯一的优先性,它不仅在自己的领域,而且在任何其他理性领域都规定了这种合法性"。② 当然,借鉴逻辑的方法还应注意到逻辑主义的负面作用。先割裂两者然后再

---

① 参阅康德:《未来形而上学导论》,李秋零译注,中国人民大学出版社 2013 年版。
② 参阅胡塞尔《1908/1914 年的伦理学和价值哲学的讲座》。

用某种方法重新建立两者的联系,本身就是对直接纯粹性的冒犯。所以,本书的论证不应是某种分裂的观点。这只是假设性的,假定意志只是纯粹的意志而无其他内容,假定意志还不知道自己的本质与力量的关联。

我们悬搁起可指明的意志基本结构。意志所标识的自明性意识与意志对象之间的相互关系被隔绝开来。从简单的意志现象开始,一方面,意志对象本身存在与否不作判断,另一方面,意志成为自身封闭的纯粹内在意识。那么,意志在被现象学悬搁的范围内究竟是现实的还是想象的? 要证明意志到力量的过渡,首先得证明意志在此范围内的知性客观性,即能被察看和被把握的观念的客观性。

第一步,采用胡塞尔的本质还原方法,即意志作为纯粹的内在意识,在自由想象地变更中制作出无限的变项杂多性,且自身是变项之一。在无限变项中,单单关注任何其中一个变项都无法得出确切可靠的结论,唯有采用整体逻辑性观察的方法看这些变项的递推的相合性才能看出端倪。① 因为这些变项不是毫无意义变化,在相互间变化中又相互区别开来,它们至少坚持了相互间的区别而不是相互融合或者互变。所以,这些不变的规定性汇总起来就是通常所说的必然性即本质性。意志在纯意识领域内作出的选择和判断无法得出一个确切可靠的相似规定性时,通过本质还原可以了解这些变项在递推相合中都可能指向意志的原初性,即"作出……选择"、"我意欲……"、"我思"的主动性特征,我的意志在主动地作出某种变化之后,其他所有的变项才会依据此变化开始变化。此特征符合所有意志变项相互区别后的不变性的综合,就是说,意志的主动性就是意志的客观有效性。②

第二步,我们来证明意志在事物中的客观性,上面只是证明了意志观念客观性,也就是意志的主观必然性。意志必然不是静态的,意志非如此主动地将自身向内或向外地推动不可。向内的意志,意志意愿自身,意志命令自身作出意志,作出的意志然后又命令原有意志,这样的驱动力只是让意志无限次地重复意愿自身而已,这样的循环往复不仅没有意义,而且一种被动式的趋势也消解了意志的主动性特征。所以,意志只有向外地推出才能实现自身。关于意志的实在客观性,普凡德尔认为意志从自我中心走出去,直至把自身推出去,并在一种未来确定的行为中规定了这个自身。但他把意志

---

① 注:胡塞尔用递推的相合性替代了通常所说的因果联系。

② 参阅胡塞尔:《逻辑研究》,倪梁康译,上海译文出版社 2006 年版。

说成既是主体又是行为的客体。胡塞尔批评了这种说法,"意志总是关于某物的意识",意志总是有意向性的所指,如果自我意识完全占据了意志的全部范围,意志就无法外化。胡塞尔把意愿同意志作对比,意愿指向的是非现实关涉的理想领域。而对意志来说,"理想领域对意志是关闭的"。意愿要求的是一个可能存在,而意志要求的是一个应当存在,它朝向的是一个真正存在的对象物。意志原初意义上所指向的目标就是意志的本质特征——命令(fiat),可以解释成"去做"(so…doing),这是一种带有实践意向性的行动性体验。①

　　第三步,是存在层面证明意志的本质。通过原初性的直观呈现在面前的只是意志的表象,胡塞尔认为这个表象和情感一样,都是非理性的意识种类,它们同在理性意识的框架之内。作为非客体化行为,必须奠基在逻辑理性的客体化行为之上。② 但是他也认为意志以确定的方式指向存在,意志虽说是情感行为(Gemütskate),可情感行为恰恰是存在的多样化(Seinsmodalisierungen)。海德格尔用自己的存在论式的现象学方法对意志作了分析,意志不是一种情绪、激情和感情,一种以生理学和生物学为基础的心理学意义上的研究对象。而是,意志是事关宏旨的人类此在(dasein)所依据的基本方式,是"人类如何经受这个'此',如何经受他所立足于其中的那种存在者之敞开状态和遮蔽状态"。③ 意志作为存在的多样化,是一种参与"此"的生存论建构的"现身情态",已经把世界作为整体展开了。"现身"就存在论范畴上表达了事实性的"它存在"。意志如果安守自己的本质,那么永远只有作为存在者存在的特征。只有通过某种非常规的现身情态才能被激发出来,意志整个本质的激发,是通过愤怒来实现的。愤怒的袭扰突兀而迅猛,刺激我们,使我们超出自身,使我们激动得不能左右自己。愤怒使意志超出了存在的安逸状态,"此在"就不能适当地"并存"(beieinander),不能并存就意味着:意志守不住自己了,它超出自身的方式实现了本质。本质就是这种使之不能左右自己、不能并存的爆发力。尼采就认为:"意志:一种急迫的感情,十分惬意! 它是全部力之喷涌的伴生现象。"④意志只是强力之

---

① 参阅胡塞尔《意识结构的研究》手稿。
② 参阅胡塞尔:《逻辑研究》(第五研究),倪梁康译,商务印书馆 2015 年版。
③ 海德格尔:《尼采》,孙周兴译,商务印书馆 2002 年版,第 46 页。
④ 《尼采全集》第十三卷,孙周兴译,商务印书馆 2010 年版,第 159 页。

喷涌的伴生现象,而喷发出来的力量正是意志的真正本质。

从上述的证明可以看出,意志的主动性特征就是它的观念客观性,意志主动地选择和判断,并往外推出自己,外化达到事物当中。意志的本性绝不是把自我封闭在存在状态中,而是主动寻求展开(Ent-schlossenheit),在愤怒的刺激下爆发出来,以超出自身存在的方式达到了力量之本质。

3.2　力量存在的本体论证明

力量不仅仅是意志的本质,力量还是世界的本质,这就是本体论判断。正确与否则需进一步证明。本体论是针对世界概念的完全普遍的哲学逻辑表达,而世界概念也通过力量得到定义,世界概念是抽走各种属性的只剩下纯粹"存在"的力量指向对象的整体。就本体论的逻辑意义来说,本体论是与经验世界相分离或先于经验而独立存在的原理系统,因而各种关于经验材料的对比和历史性知识的借鉴都不可取。本体论必须是通过逻辑演绎进而以某种原则一以贯之的独立系统。应注意的是,用逻辑方法只是出现在证明过程中,不能将力量本性逻辑化。

用什么样的逻辑方法来证明力量是世界的本体,关键看力量处在什么级位的概念层次上。本体论证明首先令人想起安瑟尔谟的关于上帝存在的本体论证明,上帝观念的完满性中包含了上帝的实存性。安瑟尔谟可以用这种证明方式,是因为上帝是公认的完满性的概念。而力量这一概念究竟是不是完满,仍然晦暗不明,我们也无从证明力量概念的完满性,所以这种直接推论的逻辑方法显然不适合。其次,如果我们用归谬法,假定力量不是世界的本体这一判断是错误的,那么能否证明力量是世界的本体的判断就是正确的呢? 这样的假定必须有一个前提,即力量概念至少要占尽全部完满性的一半当且仅当刚好为一半,因此才可以从力量概念的反面得出立足于力量概念这一面上的各种判断的正确性。再次,用正反题的论证方式可以形式上囊括力量概念和相反的各种概念。但是众所周知,逻辑上的反对关系并不能涵盖同一属概念的全部可能性,即它们的外延之和小于其属概念全部外延,再加上力量概念本身可能存在的弹性和张力,所以正反题论证方式中极有可能会出现遗漏的第三方概念,这种逻辑证明也是不适当的。最后,一些经验性的证明方法,如归纳法和类比法,由于本身的逻辑意义不强,得出的结论本书认为并不可取。还有一个笨拙的方法就是穷举法,即列出所有除力量之外可能的世界的本体观点,并且一一证明其错误。这样做工作量实在太大,哲学界的本体论观点层出不穷,个人的有生之年是做不完的,即便做完了这些工作,也不能穷尽所有的可能性。

一种最普通的从题设到结论的逻辑综合推理方法才是最有可能成功的。晚年的数学家哥德尔出于对宗教信仰的尊重,列出了一组关于上帝存在的本体论证明。然而在证明上帝这个未知概念时,先前并没有任何关于上帝的知识,所以在证明过程中出现了一个非推理式的跃迁,勉强证明了上帝的形式存在,而上帝的内容、是否实存仍然无从得知。但这个推理过程比较精细和值得肯定。和上帝的存在不同,在先行的始源情绪和内在体验中我们已经对力量的存在有所领悟。所以我们适当改动一下,用来证明所谓的力量本体论再合适不过了。这个推理过程如下:

公理 1:一个性质是肯定的当且仅当它的反面是否定的。

Axiom 1: If a property is positive, then its negation is not positive.

Positive 也可以译成是积极的,上述的证明已经表明力量有主动的积极的活跃特征,这一点无须赘言。Negation 有的译成否定,在此译成反面更佳,力量的反面我们非常熟悉,乃是常人都能经受的无力感,无力感使此在倍感失落而丧失了在世的根基,这种漂浮无定显而易见是不具有积极性的。这个公理表明了该判断逻辑上的二分性,即所有的可能性都已经被一分为二地分成正反两部分了。

公理 2:肯定性质蕴涵的性质必肯定。

Axiom 2: Any property entailed by—i. e. , strictly implied by—a positive property is positive.

任何性质的发生必然会严格地蕴涵着此性质所指向的目标,这仅仅是由性质的本质规定性所决定的。说某物具有 x 性质,那么该性质当中必然拥有 x 存在。这个推论不仅适用于肯定性质,也适用于所有的性质。用肯定性质是为了上下推理的衔接。此公理表明了逻辑上的闭包性,肯定性质必然完全包括了肯定。

定理 1:一个肯定性质是逻辑上一致的(可能有某个实例)。

Theorem 1: If a property is positive, then it is consistent, i. e. , possibly exemplified.

如果一个性质是肯定的，那么它必然是连续的。肯定性质的特征就是连贯性的、前后一致的。这里是单独定义肯定性质的特征，对比否定、消极等其他性质，其他性质并不需要前后一致的连贯性，因为这些性质在某一点上的呈现就足以证明自己的特征。例如某一 x 集合体，要证明其肯定性则必须证明集合内部所有的元素的肯定性。而要证明其否定性，只需证明集合内有一个元素具备否定性就可以。肯定性质的连续的一致性造就了逻辑上的完备性，而其中可能会出现肯定性的实例而不是必然。

定义 1：某物是类力量的当且仅当它具备所有的肯定性质。

Definition 1：x is power-like iff x has as essential properties those and only those properties which are positive.

当某物具有一种 essential properties（本质性特征）才成为类力量，而这种本质特征当且仅当它具备所有的积极（肯定）性质。某物 x 能否具备所有积极性的可能，主要看该物是不是典型性的类别物。一个非典型的指称的有限个体，例如张三，是绝不可能同时具备所有的积极性的。上一节证明了力量的主动的积极性特征，而在此则反过来通过所有积极性的汇总来重新定义类力量这一概念。

公理 3："是类力量的"是一个肯定性质。

Axiom 3：The property of being power-like is positive.

类力量的定义就是当且仅当它具有所有的积极性质，当某物完全汇集了某一特性的全部时，说此物应该具有该特性，这一点不容置疑。

推论 1："是类力量的"是一致的（可能有某个实例，即力量可能存在）。

Corollary 1：The property of being power-like is consistent.

这个推论是定理 1 和公理 3 的结合，典型的三段论，"是类力量的"是肯定的，肯定是一致的，所以"是类力量的"是一致的。此推论结合了定理 1 当中的出现的实例，即把力量推论成该实例的可能性存在，对于证明力量的实际存在迈出了关键一步。

公理 4：一个肯定性质是必然肯定的。

Axiom 4：If a property is positive, then it is necessarily positive.

这是个模态判断,依据定理 1 作出,因为肯定性质的前后一致性前提是概念的完满性,一个涉及完满性的肯定性质才能作必然判断。

定义 2:性质 φ 是 x 的本质,当且仅当 x 满足 φ 且对 x 的任意性质 ψ,φ 蕴涵 ψ。

Definition 2:φ is an essence of x iff for every property ψ, x has ψ necessarily iff φ entails ψ.

说某一性质 φ 是 x 的本质,只有当 φ 对 x 的任意性质都满足时才是可能的。本质即任意性质的根据,而此根据 φ 又必然地蕴涵各种性质。

定理 2:如果 x 是类力量的,那么类力量的是 x 的本质。

Theorem 2:If something is power-like, then the property of being power-like is an essence of that thing.

这个定理是依据上述定理 1、定义 1、公理 3、定义 2 的进一步推理,如果类力量具有肯定性质,那么所有肯定性质都是一致性的。如果所有肯定性质都是一致性的,那么类力量应该具备所有的肯定性质。因为类力量具备所有的肯定性质,所以类力量满足 x 的任意本质。因为满足 x 的任意本质,所以类力量是 x 的本质。

定义 3:x 必然存在,如果 x 的本质都必然有某个实例。

Definition 3:x necessarily exists iff every essence of x is necessarily exemplified.

因为某物 x 的本质中蕴涵各种性质,而这些性质在肯定性质的作用下都是一致性的。这样的一致性造就了概念的完满性。而本质的根据在于实存,先前推论的可能存在的实例在这里就必然存在了,既然实例存在,那么在模态中 x 则必然存在。

公理 5:"是必然存在"是肯定的。

Axiom 5:Necessary existence is positive.

必然存在是积极性的、肯定的存在。存在是"有",是肯定、是积极性的,非存在才是否定和消极的。这样结论反过来又印证了先前推理的正确性。这是验证的一个步骤,保证前面所有推论的合逻辑性。

定理 3:必然有某个 x,x 是类力量的。

Theorem 3：Necessarily, the property of being power-like is exemplified.

x 已经必然存在，那么必然存在一个 x。这是互逆式的推理。因为 x 的本质和所有特征都是肯定（积极）性质的。而类力量的也是肯定（积极性的），那么，这个 x 就是先前提到的那个必然存在的实例，这就是类力量的实例。类力量的实例必然存在，换句话说，力量必然存在。

结论：力量作为世界的本体存在。世界就是一个类力量的存在。这个推理方法用来证明上帝的实存比较困难，因为我们不能求助于先天存在于意识中的关于上帝的可靠知识。关于未知对象的证明，用此方法只能证明形式存在。而力量则在原初性的直观中已经被我们先天意识有所领悟，即意志开始命令往外推出自己的时候，人就已经感受到那种向着世界迸发的蓬勃的生命力了。

3.3　力量的本性——从生存论和逻辑学维度

如果我们注意到力量本身的非逻辑性，之前的本体论证明就是一番浪费口舌的解释。但没有逻辑上的因果关系的演绎，就不能达到逻辑的边界和思维的顶点。唯有在思之顶点上，力量的任何逻辑存在的可能性才可以忽略不计。唯有放下日常的对"此在"最浅薄层面的计量和思虑，并认识到已无进一步向上攀爬的希望，我们才能停歇下来在此作一阵短暂的逗留。在顶峰上能看见最辽远的天地，只有失去了习以为常的可能性，世界才以最大的可能性在我们面前展开。因为无须向上再进一步，所以为了进步而装备起来的工具在此成了沉重的负担，卸除所有负荷也就获得了最大程度的自由，这是一个完全自由的层面。而这个层面由于是逻辑的顶端，我们习惯性地称之为真理。真理的本质是自由。

貌似荒诞不经的联系，把真理的本质设定在自由当中，难道不是将逻辑必然性委诸人类随心所欲的主体性中吗？倘若直接性地等同，我们既无法相信逻辑演绎的严格性，也无法认识自由究竟为何物。真理是逻辑的东西，但它不单单归属于逻辑，真理也不是作为所有逻辑的集合体而存在，就是说，在真理层面上逻辑已经完成了自己并在这一点上开始准备超出自身。唯此跃跃欲试中，世界才向我们展开所有无法预知的可能。自由不是在日常的概念判断或是逻辑演绎中选择这个或是那个,对必然性的顺从所获得的不是人类主体的自由,而是分享了逻辑世界的排列组合,此自由只会招致更深程度的奴化而已。真正的自由是超越自身约束向着世界内部无限可能性的进发。力量在真理层面上获得真正的自由,抛弃了各种外在规定从而回归了原有的本性。

真正的自由是存在者整体的自行展开及绽出的,自行解蔽着的让存在者存在。"人的行为完全由存在者整体之可敞开状态来调谐。但在日常计算和动作的视野里来看,这一'整体'似乎是不可计算、不可把捉的"。① 力量在何种程度上恢复了自己的本性,要看它获得何种程度的自由。即存在者整体世界敞开的辽阔和被遮蔽着的纯粹"存在"如何绽出本质的程度。在这种被称为真理的自由层面上,力量作为一个纯粹的存在者必然要和使之存在的那个"存在"本身发生联系。如何理解两者的关系成了现在要探究力量本性的重点。究竟是力量的存在,还是存在的力量? 是互相独立但又有所依赖? 还是一方完全涵盖另一方? 之前我们已经作过力量的本体论证明,如果将力量作为某种存在的属性显然不太合适。而倒过来说存在是力量的某种属性,简直是对整个因为颠覆了传统形而上学而颇具成就感的存在本体论的公然挑衅。"存在"不是存在者的本体简直是不可思议的。传统形而上学对存在者的本质思殚力竭,而对存在的本质无人问津,人们普遍地将存在者替代存在进行思考,存在本身被遗忘了。海德格尔批评了这种历史的偏见,殊不知将"存在"简单地等同于存在者的本体也是想当然的思维习惯。"存在"是存在者得以在的根据,并不能说,"存在"就是存在者的本体。

本体向来隐蔽甚深,一般状态下的本体都无法显而易见。要想用理智的直观来通现本体全部的面貌是出于盲目的乐观预计。纯粹现象学即使让"存在"自己呈现出来,我们不能说,世界就是存在,存在就是世界的本质。虽然存在的意义不容否认,世界首先是通过"存在"而伫立于我们眼前并且分环勾连地展开了清晰的脉络。存在问题在存在者层次上的优先地位是通过生存论中的"此在"来得以确定的,"存在是什么"的问题依旧毫无进展。"此在"具有三层优先地位:"第一层是存在者层次上的优先地位;第二层是存在论上的优先地位;第三层是使一切存在论在存在者层次上及存在论上

① 《海德格尔选集》,孙周兴译,上海三联书店 1996 年版,第 227 页。

都得以可能的条件"。[①] 而"此在"[②]的优先性是因为它对生存之领会的可能性。此在如何领会生存,即此在如何领会无论怎样总要以某种方式与之发生交涉的那个存在。难以探究存在的意义的一个根本原因是:如果我们主动地去寻找存在,存在就会自行消隐。所以海德格尔能做的工作是对此在的生存论分析。这样的分析只是对解读存在本身意义的准备,做得无论怎样充分只能说将分析存在意义的各种障碍都清除了,而"存在"究竟是什么?海德格尔最后仍没有给出确定性的答案。问题的急迫性和解决的迟滞成鲜明对比。存在使其他"存在者"存在起来,那么什么使"存在"本身存在起来呢? 在假定存在是原始的唯一条件的前提下,我们找不到另外一个条件使之成立,只有"存在"使"存在"存在起来,这样是解释不通的。要引入另一条件,冒冒失失地将"力量"推荐上来可不能让人信服,而力量要达到使存在得以可能的那个条件,势必要在生存论上比存在更加始源和古老。

在此的生存论的基本建构中现身情态表明了存在者被抛于此的生存状况。现身情态从存在论上组建着此在的世界的敞开状态。这是因为,"现身中有一种开展着指向世界的状态,发生牵连的东西是从这种指派状态方面来照面的"。[③] 所以,我们必须从存在论原则上把原本对世界的揭示留归为"单纯情绪"。情绪中展现了存在的各种样态。"此在"总是有情绪的,懒洋洋的、百无聊赖的无情绪状态从根本上说也是一种情绪,只不过这种情绪比较特别,因为这种情绪不仅对其他情绪所有样式开始讨厌起来,同时也对被抛于"此"的不得不生存的状态的厌弃。无情无绪中,"存在作为一种负担公开出来了"。[④] 且不论为何种原因,存在能够作为一种负担就表明存在的一种本质性特征,存在不光存在着,且具有重力。在合适的程度内此在觉得一定的重力是适宜的并积极的,重力使他委身于"此"并享受存在的多样化。超出自身的承受范围或是长期一以贯之的单调的承受才会感觉重力是一种负担。一般情况下重力支撑起"存在"在世基本结构,乃是存在的本质所在。重力即是向着大地的企图巩固自身并盘根于"此"的力量,唯有在此巩固的东西,我们才称之为存在。这就是说,任何存在者都是有重力的,或者换成

①　海德格尔:《存在与时间》,陈嘉映、王庆节著,生·读书·新知三联书店 2006 年版,第 16 页。
②　注:本书的生存论分析中仍沿用海德格尔的"此在"概念来替代一般主体概念。
③　海德格尔:《存在与时间》,陈嘉映、王庆节著,生活·读书·新知三联书店 2006 年版,第 161 页。
④　海德格尔:《存在与时间》,陈嘉映、王庆节著,生活·读书·新知三联书店 2006 年版,第 157 页。

经典物理学的表述：一切存在物都有万有引力。这样表述并不是要使力量作为存在的某种本质特征得到规定，而是说力量更加始源地组成了"存在"的基本结构，存在反而通过力量得到规定。"存在"的存在是因为巩固自身的力量存在。

力量的本性就是在世界中"存在"之为存在的那个支架，力量通过纯粹"存在"规定了各种存在者，也规定了存在者整体即世界。一方面它作为世界的本体且并不平静安享自己的中心地位，而是推出自身，貌似急剧地作某种数量上的积聚。另一方面它深入到世界基本特征"存在"的最内在的本质，使"存在"具有更坚固的基础，从而也使世界避免陷入从"有"到"无"中摇摆不定的困境当中，实际上是某种质上的提升，是更为优越性的存在。优越性体现在力量对自身"更……重"、"更……吸引"、"更强……命令"的作用，此作用力就是莱布尼茨所述的单子的欲求力，力量并不保持一种对外界宁静的潜在可能，而是命令自身保持着向上提升，保持更强的优越性，使得这种作用力更为强大，并更能命令自身去攫取更强的可能。"存在"之存在性也因此保持着一种类似加速度的、更为确定的意义。这也是西方两千多年的哲学史中存在者替代了存在作为主题并且研究越来越学科化和精细化的原因。[①] 科学的出现不是偶然的，它来自一种对确定性的欲望和渴求。这种对确定性的要求既不是来自思想的缺欠，也不是来自生命的漂浮和无助感，而是来自力量的本性。

日常言谈中常常提及力量，"什么是有力的"，"什么力量将……变成……"。在文本和思考中，我们总是在最广泛、最一般的意义上使用着力量一词，但不曾对"力量"本身进行思考，对"力量是什么"的发问似乎是愚蠢可笑的，因为力量不仅是我们最熟悉的事物，也能被人类的感官轻易地捕捉到。正是因为如此，对耳熟能详的词语的反思才是人类精神成长的标志之一。笛卡尔说："理性告诉我，和我认为显然是错误的东西一样，对于那些不是完全确定无疑的东西也应该不要轻易相信。"[②] 但是我存在的事实，每当我说出来的时候，或者在心里想到的时候，这个事实就无可否认。笛卡尔的

---

① 注：海德格尔把这个现象归结为人们对存在的遗忘和对哲学原初意义的背离，似乎是人们的天性或是缺陷偶然的导致的。本书认为将存在者作为研究对象并且手段越来越规范的趋势是出自一种严格的原因。

② 笛卡尔：《第一哲学沉思集》，庞景仁译，商务印书馆 1986 年版，第 15 页。

理性逻辑"我思故我在"推出的真理就是"存在"无可置疑，然而这是一种思想中的"存在"。康德在逻辑意义上更明确地发挥了这个观点："存在显然不是一个实在的谓词，就是说，它是关于某个东西的概念，能够加在一个事物的概念上。它只是对于一个事物或者对于某些自在的规定本身的断定。"①因为存在不是一个实在的谓词，它被判定为客体，但是又不能从客体的实事中获取内容。所以，"样态的存在谓词不可能来自客体，毋宁说，作为断定的方式，它们必然在主体性中有其渊源。定在之断定及其样态取决于思想"。②带上了思想之特征的存在必然会服从真理之逻辑的支配。真理就是必然存在且不得不存在的确定样态。上述已经说明了力量的本性乃是存在的基本建构，本性一词就表明逻辑意义上的力量也服从真理的支配。就是说，真理使得力量不得不支撑起存在的基本建构。真理本身就是施加于"存在"之上的某种重负，力量的本性就是重负，从思想之渊源上来说，力量的本性就是真理要求存在必然存在的那个负担。

逻辑学中，此时真理还没有把力量本性的概念作为概念来把握，这个无条件的共相只能被当作静止的单纯的本质。黑格尔认为："它由此所达到的真理的概念，只是作为自在地存在着的真理，还不是概念，换言之，这种真理还缺乏意识的自为存在。"③意识到自身片面的抽象意义的共性，自为的真理就是要求认识到自己本性存在着可以扬弃的方面并实现相互之间的过渡。由此力量的本性可以过渡到两个交互作用的环节：力量之分散为各自具有独立性的存在者；独立自存的存在者消失后使力量返回自身。既然力量组成了存在的基本结构，那么存在者的诸多差别和自身持存着的诸环节已经先天地包含在这个规定中，力量表现自己本性的方式必然会是分散开来，设定为形形色色持存的存在者。因为力量本性的单一，持存的存在者的存在形式外在于它的本性，从而必然要扬弃这些存在形式返回到自身。"但事实上力量本身就是这种返回到自身或这种外在化的扬弃过程"。④力量的本性并非在一成不变的静止状态中，而应当理解处在不断运动中、不断地开展自身又不断地返回自身，两种状态循环往复且交互作用的过程。

---

①　康德:《纯粹理性批判》，邓晓芒译，杨祖陶校，人民出版社 2010 年版，第 307 页。

②　海德格尔，《路标》，孙周兴译，商务印书馆 2000 年版，第 549 页。

③　黑格尔:《精神现象学》，贺麟、王玖兴译，商务印书馆 1979 年版，第 88 页。

④　黑格尔:《精神现象学》，贺麟、王玖兴译，商务印书馆 1979 年版，第 92 页。

3.4　力量的外化过程——依普遍时空特征及其交叉规定

　　以上我们详述了在生存论和逻辑学中力量的本性问题。力量本性中包含了不断运动的内在规定。既然力量始源地构建了纯粹"存在"并由此构建了存在者整体的世界，那么力量是如何实现这个过程的？力量如何从自己的本性中外化出来并且使世界得以成为世界的？解决这些问题的答案在于对世界如何成为世界的那个方式。世界这个观念的定义，决定了我们用何种态度对待这个问题。世界如果被看成是在世中的所有存在者的总和，那么只要描述力量如何构建存在者的过程即可；世界如果被看成是包括形形色色的各种存在者在内的一个范围，那么应该详述力量如何跳出自己的特性并泛化为包容存在者各种特征的领域；世界如果被看成是先于并高出存在者层次的某种东西，那么应当将力量作为世界的先验还原进行思考或是求助于宗教信仰式的直觉因素；世界之为世界的这个观念如果完全在纯粹存在论的意义中使用，世界既可以是包括存在者的某一整体结构，也可以是在世中的一个基本组建环节。力图从世界之内现成的、却又远远未得到明示的存在者的存在之极限状态去解释，也就是企图从自然去解释世界的套路显得有点力不从心。自然这个概念在哲学中只是描述了在世中与我们照面的某些特定存在者之结构的范畴总和，绝不可能使世界的原初意义得到理解。那么对力量外化为世界之为世界的存在现象进行分析，我们可以依历史的平均理解方式作为探索路径：（1）世界的空间性；（2）世界的时间性；（3）依时间性展开的空间；（4）在空间中绽出的时间。

　　1. 空间总是以某种带规定的意义在组建世界中得到先行理解。"在之中"之为"在之中"，在世界内的事物和环绕该事物的包围者如果不是现成地摆在一个空间，至少它们之间必须有间隙互相区别开来。芝诺在他著名的悖论里使得空间存在变得尴尬，亚里士多德说："芝诺的困难要求一个解释：因为如果一切存在物都有一个处所，处所也就会有一个处所，如此等等以至无穷。"① 在生存论的视野里，为了能使我们的观察的视线不至于被阻隔，空间也是迫切需要参与世界的要素。然而近代哲学逐渐让空间带上了绝对

----

　　① 　亚里士多德：《物理学》，张竹明译，商务印书馆 2004 年版，第 94 页。

性。受牛顿经典力学的影响,笛卡尔把世界问题紧缩为自然物性的问题,长、宽、高三个方向上的广延性(拉丁文为 res extensa)先于物体一切其他的规定性成为本质,世界作为诸物之集合体必享有不变的广延性,广延性是在物体位移、运动及形相等一切变化中始终保持如故的东西,从而保证了物体的实际存在,也保证了世界的永恒的实体性。到了康德那里,空间被描述成主体直观形式,但仍逃不出空间的无所不包的唯一性、绝对性的思维定势。空间能否独立自存? 这个问题在希腊人那里另有答案,希腊人把空间思考为处所、位置(topos),一个处所总属于一个特定的物体,单独的处所是不可思议的。巴门尼德教导说:"存在者之外,决没有、也决不会有别的东西……位置(topos)变化和色彩变化,只不过是空洞的名词。"①空间既不是独立自存的东西,更不是无限存在的东西。高尔吉亚论证过,处在一个地方总是为他物所包围。因为包围者大于被包围者,但没有什么比无限更大,所以无限不在任何地方。② 本书认为:空间的独立自存性乃是当代学科要求精细化、严格化的产物。势必要返回到空间的原始意义上,才能对空间的实质有所领悟。在生存论的基础上,空间总是和一定的活动相联系。这种奠基于揭示世界之为世界的活动描述为存在者向着因缘整体性开放。一事物上来与我们照面的方式可以称为空间因缘。"对在世起组建作用的'让世内存在者来照面'是一种'给予空间',我们也称之为设置空间"。③ 设置活动揭示出先于空间因缘规定性的所有位置(topos)之整体。

　　空间以何种方式存在,决定了力量以何种方式进行建构。那种严格地以广延性整体搭建的空间,广延性相对于位移运动保持的不变性现象,正是以阻力特征得到把握的。力量盘亘于其中,既不退缩,也不发生位移。力量成了广延性存在的坚实保障。在生存论基础上展开的空间因缘整体性中,力量参与世界的构建是通过"此在"一定的设置活动得到揭示的。就是说,此在有何等力量活动到那里,事物的位置(topos)就拓展到那里。被拓展的位置因为生存中的因缘而整体性地被纳入到空间概念。海德格尔分析了这个设置活动,认为空间是随着此在的操劳活动和寻视前来照面的事物所可

---

① 参见《巴门尼德残篇》(八),盖洛普英译,李静滢汉译,广西师范大学出版社 2011 年版。
② 参阅高尔吉亚《论非存在或自然》。
③ 海德格尔:《存在与时间》,陈嘉映、王庆节著,生活·读书·新知三联书店 2006 年版,第129 页。

能具有的透视得以逐步呈现。操劳活动呈现了空间性的去远和定向的性质。去远就是使之近,把要操劳的上手事物带到近处来照面,使上手事物的位置(topos)作为"周围世界"环绕着此在,此在作为被包围者也获得了自己的位置。海德格尔有时候把此在的位置称为场域。定向就是寻视确定事物如何上前和如何去操劳的方向。寻视和操劳活动总是有方向的,向着某一熟悉的方向进行活动原始地确定了此在,定向反映了所要寻视和操劳活动的事物之间的先天联络,也是生存论中各个位置在因缘空间整体的确定方位的可能性所在。[①] 我们日常的生存体验就已经始源地接触了空间性,我的任何力量的展现,吃饭、喝水,在键盘上按下一个字符,都是我的位置和前来照面的事物的位置的触碰。任何实际活动的开展都是具备空间性的。甚至在精神活动中也隐含着空间结构,我思考的任何一个概念都具有外延;我的想象中出现的表象同时并存的状态;或是回忆中出现的画面层次感。空间性是人类活动的基本特征。力量就是潜在活动的能力,它参与组建了空间性,完成了外化世界的第一个步骤。

2. 虽然形而上学屡屡想要构建出一个不再变化的完善的理念世界,但要离开时间性去理解世界之为世界中的现象,的确十分困难。我们从何种角度去看待日出日落、潮涨潮退等"自然"之持续的涌现呢? 流俗的时间观念不真地、而又有效地将现象之涌现把握成现成的在场和有规律的运动过程。时间性可以理解为一种把握手段,一种企图克服自身和对象之间平行相向的荒芜性的把握手段,一种基于人类对周围世界之巨大环绕的畏惧感而不自觉采取的自我保护措施。将时间性把握为事物的运动并不是出于纯粹的观察兴趣,而是人类在衡量尚未明知的主动产生变化的自然力对自身可能造成的影响。时间掌握了世界的一切奥秘。所以泰利斯说:"时间是最智慧的,因为它发现了一切。"[②]这句话也可以说,掌握了时间性的人是智慧的,通过时间性既发现了世界的结构,也发现了自身的结构。发现了一切还远远不够,如果仅限于发现,那么时间性对人来说还不具备重要意义,时间的重要性体现在它有一种控制一切的权力。赫拉克利特曾说,"时间是一个玩游戏的儿童,儿童掌握着王权"。将时间比喻成儿童,是说时间对自身的

---

① 海德格尔:《存在与时间》,陈嘉映、王庆节著,生活·读书·新知三联书店 2006 年版,第120 页。

② 参阅第欧根尼:《名哲言行录》,吉林人民出版社 2010 年版,第 35 页。

力量并不了解,它只是按照自己的意愿自由自在地行动,却在无意间作为王者宰制着世间的一切。这种权力是因为它的能发现一切的智慧所带来的,即时间掌握了世界现象之在场和涌现,就控制了世界成为世界的那个"生成"。王权还有另一层意思,即在世界的自然力和人类力量之对抗中的评判,掌握时间性奥秘的那方将获得时间的力量从而取胜。

　　然而始源性的时间本质在概念历史的演化中逐渐被遮蔽了,与其将原因归结为漫长的历史,倒不如说是历史的瞬间(instant)。赫拉克利特在说上面那句话的时候就在作概念判断,时间在显示其权力性本质的瞬间就已经被遮蔽,变成一种现成存在者了。时间是一种评判世界与人类关系的存在者,现象之涌现被看成是事物的运动,时间就是在这关系中作为运动的测量者而存在的。本真的时间沉沦成概念,且完全成了物理学的概念,亚里士多德在《物理学》中的定义:"时间是关于前和后的运动的数。"①因为就物理学的观察和计量眼光来说,每一个切近前来的事物才是清晰的并真实存在的。所以时间就是一个个现在的河流,过去是已经消失的现在,将来是马上到来的现在。到了黑格尔,试图将"时间"和"精神"相连从而改变时间的僵化结构,然而他的"否定之否定"的扬弃过程只是"观念上的生成",时间仍然是一个被救平的现在的总体结构。黑格尔说:"现在具有一种非常的权利:它只作为各个单独的现在'存在',但这个张扬自身排斥其他一切的现在,一旦我去说出它时,就消解、融化、粉碎了。"②他几乎没有辩证地论证就承认时间的流逝和销蚀,这完全与流俗的时间领会的方向一致,且由于对"现在"的否定式的开展,时间在极端意义上成了被救平的一个个"现在"组成的序列。

　　时间性问题在一般意义上被当成世界的历史问题,今天大谈特谈的历史客观性恰恰表明了我们对历史问题的认识之浅薄,历史往往被当成在世界中存在的存在者发生在时间中的演历。在历经时间的侵蚀中仍能幸存和保留的东西往往被称为历史性的,历史的本质成了在时间之流逝中保持相对稳定或是能够被我们理性所认识的演变。历史的客观化和知识化,总之它不能被当作生存中的内在时间体验就不是本真的历史性。生存论中要宣称最具历史性的是经常被忽略的那个此在,因为此在的生存就是本真的历

---

① 亚里士多德:《物理学》,张竹明译,商务印书馆 2004 年版,第 127 页。
② 参见黑格尔《哲学全书》第 258 节附释。

史演历,而周围的事物的历史才是次级的。世界的时间性并不是因为自身具备了时间性,而是因为世界中的"此在"的生存乃是历时的东西。世界的时间性基本建构首先的要从"此在"的生存开始,力量作为基本要素筹划着向何而生,也筹划着向何而亡。此在是"有力的",意思是说,此在能够先行向着生存的不可逾越的可能性筹划自己,保持着向死而生的决心和勇气。海德格尔说:"当此在由于先行而让死在其自身中变得强有力(machtig)之际,自由面对死的此在就在自己有终限的自由中——唯有选择了去作选择,这种有终限的自由才'存在'——把委弃于自身这一境况的无力(ohnmacht)承担过来,并对展开了的处境的种种事故一目了然。"①生存之力量的有终性,本真的向死存在,是世界时间性的隐蔽的根据。在世的此在之生存的各种力量样态:操劳活动、言谈、沉沦或现身情态中,本己的力量无一不在组建着生存结构并作出抉择的过程中,世界的时间性就从中绽出了。

　　3. 对世界的平均理解早已不是原初朴素的片面意识,在看到世界空间的时候忘记了它还有时间性的一面。平均理解向来相当成熟老练地将空间性和时间性当成世界的交叉规定,这不是说,它已经看破了空间和时间的本质并使之融合在一起,而是首先将其外在的交叉综合使世界得到模棱两可的理解。世界既是空间性的又是时间性的,意思是空间性和时间性相互独立自存。常人在说此话的时候还想不到空间性与时间性互为奠基的关系,自以为深刻的哲学思考就把两者的关系发展为极端了,康德将诸物按照交互作用或协同性法则同时并存的现象解释为在同一时间内的状态。② 这等于是承认时间的优越地位,时间更始源地组成了空间结构,空间只不过是时间的某种特殊状态而已。生存论上的理解应该从当下自己和世界之间的统一性中领会着这种关系,而不是借助于纯粹理性对理论规定的思辨的演绎。依时间性展开的空间性,这不是要取消空间的独立性来完全地叙述时间,也不是从时间中演绎出空间,更不是把空间抹灭为纯粹的时间,而是在时间性基础上进一步理解世界的空间性特征。就是说,生存论上的由去远和定向组建起来的操劳活动是如何根据此在的时间性而可能的呢? 有终点的时间规定了操劳活动的有限性,以及由此展开的空间有限性。"因为此在作为时

　　①　海德格尔:《存在与时间》,陈嘉映、王庆节著,生活·读书·新知三联书店 2006 年版,第435 页。
　　②　参阅康德:《纯粹理性批判》,邓晓芒译,杨祖陶校,人民出版社 2010 年版。

间性在它的存在中就是绽出视野的,所以它实际地持驻地能携带(mitneh-men)它所占得的一个空间"。① 因为时间使得此在变得有力量去筹划,所以此在也有能力来携带一个空间。我们知道,力量拓展着此在的空间性,它通过操劳活动使得上手事物前来——照面,并通过去远和定向决定着事物的位置,也决定着此在的位置。力量活动之空间性并不能通过物理学的远近距离来衡量,而是奠基于时间性统一的当前化之中的。时间使得远近的事物位置——前来并逐渐包围着"此在"的位置,时间使得"此在"能够在"此位置上……存在",也就是说,时间使得"此在"在"此场域中……存在",时间使得此在和世界全部都"在场"了。

4. 即使是最直观的经验也不会仅仅就意识到世界的广延性,人们在欣赏浩瀚无边的海洋时往往感叹岁月的流逝。生存论上说空间性中绽出的时间,这并不是说空间是时间的母体,也不是说时间是相对于空间优越性的存在,而是在生存的因缘空间整体中升腾起来的向着终结的先行领会。这不等于说时间就是内在意识的流逝,虽然之前已经有许多哲学家的类似的思考经验。例如布伦塔诺的时间起源学说认为,"在原初的联想中,如果我们看见听见或一般地感知到某物,那么,按照规律来看……始终还可以确定另一个尤为特殊的变化:这个以此方式留存在意识中的东西,对我们显现为一个或多或少过去的东西,一个仿佛是在时间上回移的东西"。② 空间中绽出的不是内在时间意识,更不是柏格森所说的作为世界本性的绵延,时间表现为性质式的众多体。③ 黑格尔将绽出的时间理解为对原初空间的否定,他首先将空间规定为"外在于自身存在的无中介的漠然状态",然后时间作为点先参与创建了空间又予以否定,"这种否定性作为点使自身与空间相关联,并且作为线和面在空间中发展出其种种规定;但这种否定性在出离自己的存在范围内同样也是自为的……这样自为地建立起来的否定性,就是时间"。④ 这样的否定之否定的思辨运动,空间中所绽出的不过是自身而已。我们并不把时空同质性作为要论证的目标,而是说,这样的绽出如何是可能的? 此在如何有力地去寻视和操劳,上手事物作为世界的部分就如何就近

---

① 海德格尔:《存在与时间》,陈嘉映、王庆节著,生活·读书·新知三联书店 2006 年版,第418 页。

② 胡塞尔:《内时间意识现象学》,倪梁康译,商务印书馆 2010 年版,第 41 页。

③ 柏格森:《时间与自由意志》,吴士栋译,商务印书馆 1958 年版,第 169 页。

④ 参见黑格尔《哲学全书》第 257 节。

前来照面,世界的部分不是作为部分世界前来照面的,而是作为先行得到理解的世界整体前来的。这些位置的空间因缘性依据此在具有何等强力去拓展,从而也呼唤着时间性作为整体筹划这些位置的排列设定,此在面前的这些位置的去远和定向的一一前来,本身就造成了时间的流逝。操劳活动等生存各种样态的力量之有限性决定了空间整体的有限性,正是绽出的筹划生存空间的有终性时间的原因所在。

3.5　力量的知识化和价值论

力量向来如前文描述的那样,从意志出发,通过某种极端的现身情态以超出自身的方式达到力量的本质,并在如此这般的本性中外化和建构出整个世界。然而这只是我们规划的理想状态,实际上力量总会以某种方式被褫夺一些特征,从而偏离原定的方向。不光是外部原因,力量内部也充满不安分的因素。力量从诞生那刻起就已经不纯粹了,它本性中孕育着反叛的东西。雅典娜的出生就是对原有力量秩序的一种改变,而后从战争女神向智慧女神的转变更是凸显了这种宿命。智慧的原初涵义是认识自身并完善自身的一种力量,而人类对智慧的信仰和崇拜则使得智慧的面目逐渐地被遮蔽了。事实上全部的原初自然被遮蔽几乎无可避免,因为人类精神发展历史地决定了所有存在者知识化的进程。

智慧原本不是知识,它是使作出的选择和行动得到"正确性"的那个力量,然而人们需要反复使用这个智慧时,即每次选择和行动都希望得到"正确性"的保障时,人们就把以往的已经得到"正确性"的结果当作经验来加以运用,这样,智慧就成了知识。知识就是具有固定模式的智慧。到了苏格拉底,他几乎是作为智慧的同义词来描述知识的。智慧就是认识自己,而认识自己就是明善恶、知美德,美德就是对"善"这个永恒普遍的概念的知识。怎么获取这种知识呢?"当灵魂能够摆脱一切烦恼……亦即漠视身体,尽可能独立,在探讨实在的时候,避免一切与身体的接触和联系,这种时候灵魂肯定能最好地进行思考。"[①]善的知识应该完全地在理性中获得,而不能有其他因素参加。虽然他强调对善的知识也包括在践行中实现善,但这已不是

---

① 柏拉图全集,《裴多篇》,王晓朝译,人民出版社 2003 年版,第 62 页。

智慧力量的本来面目,他的学说是被知识化了的智慧力量,以及被这个知识实体刺激下所产生的被动力量的综合体。苏格拉底将哲学从天上拉回了人间,正是苏格拉底将自然哲学变成了一种知识的历程,所以尼采称苏格拉底是开启形而上学历史的第一人。他的学生柏拉图则进一步将力量知识化了,柏拉图将人类活动区分为制造的技艺和政治的技艺,生产制造技艺是人对自然的力量的展现,政治技艺则是人与人相互间力量的博弈。然后他把人与自然的力量关系和人与人之间的力量关系统一起来,论证了"知识即美德"的前提。亚里士多德则明确划分了三种知识类型:分别是知识、技艺和实践智慧。[①] 技艺在这里单指柏拉图的生产制造的技艺,也指关注生成的事物即生产行为的结果的知识;实践智慧指的是政治或伦理领域以行动本身为目的的智慧,也可以说是关注行为之力量状态能否符合"善"之标准的知识。而知识本身则被看成关注永恒不变的真理。前两种知识类型由于是关注可变事物领域,所以它们必须服从不变领域的真理知识。至此,知识登上了真理的宝座,规定了包括力量在内的一切事物。希腊哲学使得力量从自在的状态过渡到自为的状态,使力量的自然属性转变为人的社会属性。希腊人用知识规定力量的动机是为了便于掌握和利用,但效果恰好相反,知识化的框架模式使得力量退缩到身体中去了,也就是说,力量与思想的分离恰恰使得思想变得更无力了。正如尼采所描述:

这样,知识成为生命本身的一部分,进而变成日益增强的力量,最终知识和那些天荒地老的根本性错误互相冲突,二者都是生命,都是力量,二者共存于同一个人身上。思想家这时成了这样的人:在求真的本能欲望被证明是一种保存生命的力量之后,他内心求真的本能欲望便与那些保存生命的错误开展了首次斗争。与这斗争的重要性相比,其他的一切都无关宏旨。[②]

整个西方哲学的传统就是力量不断消隐的过程,理性越是进步,则人类在世之根基越发薄弱,我们的知识在达到完善的、无以复加的地步时,同时也就达到了虚无主义的边缘,虚无主义的典型就是此岸的一切都是软弱无力的,彼岸的强有力的集合体上帝在操纵着我们,唯有不断渴求恩典才能获

---

① 参阅亚里士多德:《尼各马可伦理学》,廖申白译注,商务印书馆 2003 年版。
② 尼采:《快乐的科学》,黄明嘉译,华东师范大学出版社 2007 年版,第 196 页。

得希望。关于上帝的知识越是完备,则我们的理性越是渺小。知识化进程
并没有使我们的理性更加具有主体性,反而使理性沦为信仰的奴仆。这样
展开了一种新的循环:信仰诱使理性来证明自己的直觉判断,理论理性只是
为了论证原先那个深信不疑的前提的正确。这种深信不疑的信仰越是巩
固,我们对自身的怀疑越是强烈,我们对整个世界的把握、对自己在其中所
处的位置越发模糊化。用小说家米兰·昆德拉的一句话表述,即是"人悬浮
在半空之中。"悬浮的状态好像获得了极大的自由,在奥古斯丁看来,这也是
因为上帝所赋予人类的自由意志。"那么人应当有一自由意志,否则他不能
行正当"。[①] 上帝认为人应当有自由意志,所以人才有自由意志。自由被统
摄在"应当性"之下。而人能否真正行使自由,最终还要看上帝的评判赏罚。
就是说,这种漂浮的状态、这种虚无主义的极致到了这样一个地步:连如何
进入虚无主义的那个原因也变得虚无起来。

　　17 世纪的大法官弗兰西斯·培根的那句著名的口号:"知识就是力
量",知识的定义明显包括了那种实际的意图掌握世界的物质性力量。那
么,这是反知识化传统和对力量本身的重新重视吗?我们先要看培根是在
何种意义上反对知识化的。培根的《新工具》是相对于亚里士多德的《工具
篇》而作的,他主要反对的是以亚里士多德哲学为代表的逻辑知识。这种逻
辑知识在中世纪经院哲学的论辩中被教条化,进而束缚人们的新思维的产
生,逻辑的目的"是要迫人同意命题,而不是掌握事物"。传统逻辑使理解力
固守在原理概念,以及毫无意义的抽象演绎之中,人们不再直面事物,也不
再对感性自然有好奇感,于是人们产生了"四种假相",使思维进一步僵化。
亚里士多德确立的逻辑学无助于真理事业。"现在所使用的逻辑,与其说是
帮助追求真理,毋宁说是帮助把建筑在流行概念上面的许多错误固定下来
并巩固起来,所以它是害多于益"。[②] 亚里士多德及其追随者强调逻辑在认
识中的作用表明,他们意识到人类理解力的缺陷,需要为理解力寻求帮助。
这一点,培根是完全赞同的。问题是,逻辑本身就是人的理智的产物。因
此,以逻辑来加强理解力"只不过是始终用着赤裸裸的理智罢了"。就是说,
以逻辑来帮助理解力无异于让理解力自流,因为它必然会采取与逻辑秩序
相一致的进程:从感官的具体事物飞跃到最普遍的原理。"因为心灵总是渴

---

① 奥古斯丁:《论自由意志》,成官泯译,上海人民出版社 2010 年版,第 100 页。
② 培根:《新工具》,许宝骙译,商务印书馆 1984 年版,第 10 页。

望跳到具有较高普遍性的地位,以便在那里停歇下来;而且这样之后,不久就倦于实验。但这个毛病确又为逻辑所加重,因为逻辑的论辩有其秩序性和严正性(solemnity)"。意思是说,理解力本身就自然遵循着逻辑规则而习惯于从具体事物跳跃到普遍原理。理解力以逻辑为工具,等同于没有工具。培根反对传统的逻辑知识,为的是推广用他的新工具——无间断归纳法所总结的科学知识。

那么他怎么看待新出现的科学知识呢? 诚然这种真理意义上的知识显示了人对自然的一种权能和力量。"human knowledge and human power meet in one."[①]人类的知识和人类的力量是同一个东西,人类的知识使得人类拥有操纵自然的力量。然而这并不是原初的作为智慧的力量,在高扬的宣称力量的口号背后,实际上仍然是亚里士多德以来的工具理性的产物,培根认为人性的缺陷需要工具来弥补。"在机械力的事物方面,如果人们赤手从事而不借助工具的力量;同样,在智力(理智)的事物方面,如果人们也一无凭借而仅靠赤裸裸的理解力去进行工作,那么,纵使他们联合起来尽最大的努力,他们能力和所能成就的东西恐怕是很有限的"。[②] 只不过亚里士多德的工具是相对于认识世界而言,而培根的工具是相对于操纵世界而言。在人与世界的关系中,亚里士多德的观点还是温和的自然主义,而培根将人摆在一个与世界对立抗争的位置上——不是人统治世界,就是世界统治人。在人能够认识世界并最终能否得到真理的眷顾的问题上,培根和希腊人一样都具有理智主义的乐观精神。这是力量的知识化必然产生的后果。真理(知识)就是力量,以真理的名义直接就是以力量的名义,人不仅面向自然,而且也面向人本身毫无节制地摆出了操纵者与征服者的姿态。谁只要宣称拥有真理,谁就有充分的理由把自然和他人置于某种力量的统治之下。力量知识化的结果就是将力量原先的自由本质置换成知识的层阶分明的属性,把人与自然的共存状态直接改为互相博弈的状态。人的生存被带入一种"力量链"当中,犹如自然界层阶分明的生物链,与提倡恃强凌弱、适者生存的社会达尔文主义的逻辑如出一辙。培根所反对的只是逻辑的知识化,并想把人类力量引向科学知识,这并不是力量意识的某种觉醒,反而是力量知识化的进一步深化:人们不断运用科学知识探索、实验和接触着世界,实

① 《培根论说文集》,水天同译,商务印书馆 1983 年版,第 47 页。

② 培根:《新工具》,许宝骙译,商务印书馆 1984 年版,第 2 页。

际上他们触碰到的是自己的科学世界。力量在更深层次上被貌似直面感性事物的科学知识所遮蔽了。

被知识化了的力量所武装起来的思想为何变得无力？从逻辑上来说无论如何是说不通的。知识化的力量是某种可以不断传承、不断积累的规范性工具，思想借助这个工具在各个领域大展身手，人类现在认为他们不仅可以完全认识自然，也可以完全认识自己。科学知识化的力量标志着一种胜利：思之任务已经完成。关于世界的整体框架已经竣工完成，剩余的工作只是添砖加瓦。随着胜利而来的慵懒倦怠的心态，意味着人类精神的老去。人们不再期待任何新的可能性来打扰他们现在的稳定状态，只有一个虚假冲动令他们不停地探索那个已知世界：就是凭借认识真理之名来维持已有的舒适安逸的生活。

马克思可能不是在这个层面，但又相当明确地表达了对思想的纯理论性质的厌恶。《关于费尔巴哈的提纲》第十一条："哲学家们只是以不同的方式解释世界，而问题在于改变世界。"①这句话等于是说，解释世界的方式里还没有改变世界的可能，应当重新唤醒对于改变世界的那个原初力量。海德格尔对此评论道："难道对世界的每一个解释不都已经是对世界的改变了吗？"②他把马克思关于改变世界的提法缩小成生产关系的改变，改变世界的力量误解成生产的力量。而真正的能够改变世界的力量被包含于解释之预见中。海德格尔不是从当代科学角度，而是返身回归到古希腊人的观点中去了。知识中包含践行，思想中包含力量，想当然地对思想力持肯定态度也是希腊乐观精神的一种表现。这个判断与其说是在逻辑上肯定，不如说是伦理意义上的应当。思想中应当包含力量并不意味着思想力的实存，这只能反映列这个命题的判断者自身的意志情绪和价值取向。关于现今的各种哲学解释或科学预见式的思想，是原初智慧力量的知识化积淀的结果，与始源地对世界基础结构有所洞见有所反省那个思想已经是天壤之别。思想早已"不真"了，所以失去了自己的思想力也是早晚的事情。

思想与力量的分离并非来自个体的暂时的原因，而是力量的知识化的历史结果。换句话说，分离的状况是必然存在的。日常的生活体验中或多

①　马克思：《关于费尔巴哈的提纲》，《马克思恩格斯选集》（第一卷），人民出版社 1995 年版，第 57 页。

②　F. 费迪耶、丁耘：《晚期海德格尔的三天讨论班纪要》，载《哲学译丛》，2001 年第 3 期。

或少地出现这种状况,计划之不通、渴求之不能、思慕之徘徊等等,有时候固然可以归结到自身无法左右的客观原因,由于对象呈现的面貌不明朗而导致错误的认识,或是对象本身的力量强大到无法控制的地步。这种情况下,一般很少会意识到思想的无力,感觉思想是无辜的,反而进一步促使思想改进自身的精微程度去认识并控制对象。有时候思想的无力是出于主体自身的分裂,即"我"的思想已经认识并接触到了对象,但"我"的力量就是无法听从思想的号令去控制思想对象。这种情况下,好像身体已经不由自主,思想从"我"中独立出去,只是外在于"我"的异化。"我"没有办法按照自己的意愿行使自己的力量,身体力量似乎也独立出去,服从外界更具强力的存在者的支配,或是听从外界更低等级存在者的引诱。这种真正意义的无力感触发了人对自身强烈的厌恶情绪,它使人得以盘踞其中的那个世界整体飘浮起来,并让人找不到一块坚实的地基。无力感也揭示了生存论上的沉沦状态,"此在"跌落到非本真的无根基状态中,且不能对自己的被抛有所领会。无法领会自身力量的存在,所以将自己委身于外界而听任其摆布。因为有所领会的原初智慧力量已经被知识化了,人们所用的"智慧"实际上是根据外界事物现成状态积累的经验,是自身本质力量的异化后形成的对象。力量的分离状态的根本原因就不是外界力量的胁迫或引诱,而是因为自身长期的知识化导致力量逐渐丧失了能够正确地作出决断的原初本质。

　　力量的知识化的客观结果不是力量得到知识的尊重并泛化成万事万物的本质,而是力量在知识结构、在解释整体世界的问题上的全面退缩。力量的唯一价值就是它成了身体的属性,并且用异样的眼光被当作文明的对立面来看待。在理性被毫无疑问地当作人类的本质的今天,身体力量似乎成了唯一还没有进化完成、摆脱野蛮状态的标志。笛卡尔的身心二元论中就坚持了心灵能够支配身体的优越性地位。他的继承者马勒伯朗士先生又抬出了上帝作为更高等的协调者使身心关系和谐一致,身体的地位在无限荣耀的上帝面前显得更加卑微和低下。在现代哲学批判理心灵主体的前提下,身体似乎成了统摄精神和物质的中心存在,"身体本身能够向我们提供走出先验唯心论(生存就在于自我的纯粹内在化)与实在论(对于它来说,存在着的只是在各种各样的自然或人类事件之间的因果作用,而一切都被归

结为各部分的绝对外在）的二难困境"。① 在梅洛·庞蒂的《知觉现象学》中
这样描述道："身体是我们拥有一个世界的一般方式，有时，身体仅局限于保
存生命所必需的行为，反过来说，它在我们周围规定了一个生物世界；有时，
身体利用这些最初的行为，经过行为的本义达到行为的转义，并通过行为表
示新的意义的核心……最后，被指向的意义可能不是通过身体的自然手段
联系起来的；所以，应该制作一件工具，在工具的周围投射一个文化世
界。"②这段话的意思是，身体不再被狭隘地定义为以往熟悉的物质身体概
念，而是作为一般的在世基本方式，包括了人的生物属性和文化属性。对身
体的概念的再阐释并不意味着对身体原初力量的重新理解，梅洛·庞蒂把
身体当作知觉的空间性和运动机能的统一体，实际上是把身体解释成一个
纯粹的形而上学概念。这样，力量的最后逗留之场所——身体也不复存在
了，力量被扫地出门，成了无人身的理性之光无法穿透的黑暗之物。

　　假如力量的价值对人类来说不过如此微乎其微，理性和科学判断成了
最高的价值主宰着日常的生活，那么，为什么我们一再地感到价值的失落
呢？失落感以某种现身的情绪凸显了生存根基之欠缺，唯有把本不是价值
之物奉为最高价值才会出现失落。尼采说我们在最高价值方面始终不渝的
东西乃是我们的肌肉的判断，这句话是针对当时社会盛行的科学理性和宗
教信仰结合而成的虚无主义的提醒，应该在更为坚实的基础上坚持我们的
价值判断。科学在最肤浅的表象领域、在能够得到准确计算和把握的地方
建立了权威。现代技术以一种特别显眼的方式成为将世界和人摆置其中的
那个"座架"，③世界成了能源的供应者，人成了能源的加工者。人被安排在
应付技术世界带来的各种数据和规则的岗位上。"对自然界的迫使越严重，
人自身遭受的迫使也就严重"。④ 呼唤那种能够真正地栖息于大地之上，使
人重新成为人、使世界重新成为世界的那个力量，也就成了时代迫切需要恢
复的最高价值。尼采说："科学的力量一方面剥夺了人的欢乐，使人变得更
冷酷、更呆板、更克欲，也许，科学正因为这力量今天才广为人知，人们发现

---

　　① 　Délivoyatzis, *La Dialectique du Phénomène*：sur Merleau-Ponty, Méridiens Klincksieck,
1987, p15

　　② 　梅洛·庞蒂：《知觉现象学》，姜志辉译，商务印书馆 2001 年版，第 194 页。

　　③ 　《海德格尔选集》下卷，孙周兴译，上海三联书店，1996 年版，第 939 页。

　　④ 　F. 费迪耶、丁耘：《晚期海德格尔的三天讨论班纪要》，载《哲学译丛》，2001 年第 3 期。

它是个伟大的痛苦制造者。"①但尼采转念一想,科学力量必然会带来反作用力,反作用的力量是无法估量的,它必然会开启一个新的时代。

索福克勒斯的悲剧《安提戈涅》中写道:"莽苍万景,而无苍劲如人者。"力量的最高价值乃是使人得以成为苍劲者的本质的那个东西。苍劲者指拥有强力的人,不仅拥有强力,而且强力行事。人就是由于强力行事而且就在其融合莽苍万景的强力行事中成为其本质的。作为最高价值的原初力量恢复了人之为人的本来面目:"人就不平常地在自己的圈子中、结构中、底子上把他的诸多圈套与网络都抛入现在这样自身滚动着的生命中,人把这个生命从其原有秩序中撕扯出来又关锁入他的苑囿与围栏中去迫其驯服就范。"②此处的驯服就范并不是科学技术意义上与世界的对立,而是生命的自我调整和规范。"抛入"、"撕扯"、"关锁"等动词正是在肌肉意义上的判断。最高价值的力量同时也始源地构成了我们的言语之本质,"莽苍"可以理解为不熟悉的、隐暗的、非本乡的,对莽苍之强力行事也就意味着"返乡"。海德格尔用"返乡者"来标识人,返乡即是向其尚未现身的寂静开端的回归。③ 言语的真正力量是"道说",在道说中世界、天地、神、人四重整体被开辟出一条道路,通往那个被思为澄明的圆满丰沛的无蔽本身。作为最高价值的力量不仅使人成为强力者生存下来,也是人成为"返乡者"回归到原初本质,更是在真理意义上使人找到了无所遮蔽的澄明之所。

力量的价值不仅在于使人立于大地之上,更在于使人诗意地栖居在这片大地。荷尔德林的诗:"充满劳绩。但人诗意地,栖居在这片大地上。"④力量使人充满了劳绩带来本质的丰富性,劳绩之丰富不是如科学成就般阻碍着人们的栖居,而是让人们的栖居更具诗意。海德格尔晚年接受采访的时候说:"只还有一个上帝才能救渡我们。"⑤他对哲学、对任何图谋和思索都感到失望,转而引向在诗歌中期待着上帝降临。那么这个降临的上帝究竟是什么?怎么才能救我们呢?仍然一无所知。这种悲观情绪在更深层次上被决定于思之无力状态,如果不能具有强力意识地积极地去争取上帝的到来,那么纵使强有力的上帝自行前来救渡我们,也不能唤醒我们萎靡不振

① 尼采:《快乐的科学》,黄明嘉译,华东师范大学出版社 2007 年版,第 87 页。
② 海德格尔:《形而上学导论》,熊伟、王庆节译,商务印书馆 1996 年版,第 155 页。
③ 海德格尔:《在通向语言的途中》,孙周兴译,商务印书馆 2004 年版,第 75 页。
④ 海德格尔:《演讲与论文集》,孙周兴译,生活·读书·新知三联书店 2005 年版,第 200 页。
⑤ 《海德格尔选集》下卷,孙周兴译,上海三联书店 1996 年版,第 1306 页。

的内在力量。如何重新唤起那个使我们感到生命之充沛的力量来作为时代的最高价值,这是首先应该思索并且应该得到贯彻的。

在力量的形而上学史中可以看出,自亚里士多德以后到尼采以前,意志几乎是被当作力量的同义词得到系统的思考的,尼采重新将意志的本质定义为力量,那么首先要做的工作是证明意志如何成为力量,用现象学方法通过三个步骤来分析:意志在观念中的客观性、意志在事物中的客观性和意志在存在层面的本质实现。意志的客观性就是它的主动性,而意志的主动性总是向外推出自身达到实际存在的事物,意志在事物中依据现身情态,通过超出自身存在的方式达到了力量之本质。力量不仅是意志的本质,力量还要成为世界的本质才能算完成力量的本体论证明,而这样一个证明的困难性显而易见。逻辑综合推理方法直接有效,所以借鉴哥德尔的一组关于上帝存在的本体论证明。事实上,这组逻辑完备的证明仍然有形式上的跃迁,除非我们对该物先天地就有所认识,否则无法完全证实某物的存在。上帝的神秘性和力量的意识自明性成鲜明对比,这也是后者能够成功得到证明的主要原因。力量成为世界的本体之后,它的本性是什么?生存论的分析中看出力量支撑起"存在"在世基本结构,乃是存在的本质所在。从思想之渊源上来说,力量的本性就是真理要求存在必然存在的那个负担。逻辑学中力量的本性并非在一成不变的静止状态中,而应当理解处在不断运动中、不断地开展自身又不断地返回自身的过程。既然力量是世界的本体,那么力量是如何始源地建构世界的?依据日常理解的时间、空间和时空交叉规定作为分析途径:力量拓展了事物存在的位置;力量作出生存的有终性时间之筹划;时间筹划使得空间性的"在场"得以可能;空间性的位置之去远定向决定了时间。力量并不能按照自己的本性去建构世界,它总是以某种方式被褫夺一些特征,从而偏离原定的方向。不仅是外部的原因,也是内部的原因,开始了人类历史上的知识化进程。思想与力量的分离状态使得虚无主义降临大地,而科学知识貌似以掌握世界的力量的面目登台表演,这种虚假的力量使得思想更加无力,人类精神老去。真正的力量被迫退缩进身体,然后又被身体哲学逐出最后的居所。唤醒那个使人重新成为人、使世界重新成为世界的真正力量,是时代迫切需要恢复的最高价值。

第4章　马克思的创造性生存理论

在前几个章节中，我们系统地回顾了西方思想史中关于力量形而上学的发展线索，无论是远古神话诗歌对自然力的歌颂，还是希腊竞技艺术对人类力量的陶冶，还是希腊哲学对践行力量的重视，都体现了古希腊社会独特的文化特征，这是以农耕方式为主的东方社会、以"天人合一"为基本理念的文明形态所难以理解的特征。从这个意义上说，追溯"潜能"、"意志"、"欲求"等貌似非理性主义的力量形而上学的发展线索，反而能更有效地使人领悟西方理性主义的本质特征。中世纪主要处理的是"意志自由"问题，即个体的意志决断和无限的绝对意志（上帝）之间的关系问题。人类屈从于上帝，意志屈从于理性。但从这个问题出发，产生了司各脱以个体意志的绝对自由为理论基础的意志主义。意志主义独树一帜，克尔凯郭尔、叔本华和尼采等都把意志当成始源性的东西置于理性之前。另一方面，理性主义在近代的发展，也极力想弄清意志的结构，进而使理智能够更好地把握。马克思直接受到德国古典哲学的熏陶，他的哲学特别是青年时期的哲学明显带有黑格尔式的"理性把握意志"的结构。他对于黑格尔的观念主义（Idealism）的颠倒，"现实高于概念"的基调，强调现实的、活生生的人是历史起点等等，都很难不与意志主义哲学发生千丝万缕的关联。至于马克思哲学究竟在多大程度上继承了古希腊哲学的传统，我们并没有直接证据来证明，有的只是推断而已，事实上也只能是推断。比如马克思的博士论文就是很希腊化的题目——《德谟克利特的自然哲学和伊壁鸠鲁的自然哲学的差别》；他仍然坚持的理性主义结构来源于柏拉图主义；他的理论研究的动力和目的——对未来共产主义社会的描绘几乎就是希腊精神贵族所期望的理想城邦政体。当然，有的哲学家如阿伦特说，马克思和希腊哲学之间的距离要远远小于他和恩格斯之间的距离。类似这种独断的意见也可稍微作为我们论点的佐证。

本书并不想别出心裁地将马克思解读成一个意志主义哲学家，他在很大程度上与"柏拉图—黑格尔"的理性主义传统相一致。然而，马克思完成了对传统形而上学的颠倒,预示着他的哲学必然会超出理性主义传统。我们可以从他不成体系的哲学中找出意志主义甚至是存在主义的成分。

马克思从黑格尔主义的理性迷梦中惊醒后,他走到了概念论的反面——注重对现实的考察。特别是在《莱茵报》当主编期间同青年黑格尔派(鲍威尔、施蒂纳、梅因、布尔等人)决裂,马克思感到了对"抽象问题"的苦恼,并且认真地注意到了"各种关系的客观本性"。由于报社主编会接触大量社会现实问题,特别是"林木盗窃法案"之后,马克思思想发生了一个重大转折,这是他写的《黑格尔法哲学批判》的主题:法的关系和国家形式不能由精神的一般发展来理解,它们根植于物质性的生活关系中。在此之后《德法年鉴》时期的马克思受到费尔巴哈主义的影响,认为唯心主义只是借助主语和宾词的颠倒,把"现实的人"变成了观念的宾词。要理解真实的世界和真实的人,不能从抽象的没有任何规定性的存在出发,而只能从当下的直接感性的存在出发。

注重感性现实,无论后来马克思的思想发生了多少次转折,这是一条一以贯之的主线。关注现实的人的生存状态,是马克思哲学的出发点和目的。通过人类力量的创造性(体力劳动和脑力劳动)维持或改变当前的生存状态,我们姑且将其称之为创造性生存理论。通过感性原则而达到最真实的存在,这是马克思哲学中最接近意志主义的思想成分。创造性生存理论并非亚里士多德主义的泛活力论和近代生命力主义(Vitalism)的简单继承,虽然它们共同主张超自然的能动性。我们将通过以下的阐述来分析马克思创造性生存理论的特征。

4.1　能动的自由

通过创造力来生存,首先要求主体是能动的,完全自由地按照自己的意志而不是上帝的旨意去行动。马克思早在撰写博士论文期间就已经确立了这样的思想基调,他的论点隐晦地藏在博士论文的附录里,这里引用了谢林著作中的一句话:"向优秀的人类宣布精神自由并且不能再容忍人类为失去身上的枷锁而悲泣的时候已经到来了。"①马克思博士论文的题目是"德谟

---

① 《马克思恩格斯全集》(第二卷),人民出版社 2005 年版,第 99 页。

克利特的自然哲学和伊壁鸠鲁的自然哲学的差别",除了在文章中阐述两者自然哲学的一般差别,马克思发现了德谟克利特原子论和伊壁鸠鲁原子论的重大不同。偏斜运动是伊壁鸠鲁原子论的典型特征。直线下落运动是物质性的存在和纯粹的形式,而偏斜运动意味着原子离开物质性的规定,从后者偏离出去并构成后者的否定。偏斜运动打破了"命运的"束缚,是原子能进行斗争和对抗的因素,是活的能够意识到自身的东西。最后排斥运动将直线下落和偏斜两者结合起来,实现了原子的概念,马克思从中找到了个人的自由的源泉:

> 直接存在的个别性,只有当它同他物发生关系,而这个他物就是它本身时,才按照它的概念得到实现,即使这个他物是以直接存在的形式同它相对立的。所以一个人,只有当他与发生关系的他物不是一个不同于他的存在,相反,这个他物本身即使还不是精神,也是一个个别的人时,这个人才不再是自然的产物。但是,要使作为人的人成为他自己的唯一现实的客体,他就必须在他自身中打破他的相对的定在,即欲望的力量和纯粹自然的力量。①

马克思将个性视为"发展的直接力量",他在博士论文中借鉴的方法是鲍威尔的普罗米修斯式的自我意识和黑格尔的本质与现象模式的结合。矛盾二分法的辩证逻辑贯穿了马克思毕生的所有著作。但是,马克思的"自由"并不完全徘徊在黑格尔和鲍威尔的纯粹概念领域,毋宁说这种"自由"是希望通向"实践"的:"在自身中变得自由的理论精神成为实践力量,作为意志走出阿门塞斯冥国,面向那存在于理论精神之外的尘世的现实——这是一条心理学规律(但从哲学方面来说,重要的是着重说明这些方面的特点,因为从这种转变的一定方式可以反过来推论出一种哲学的内在规定性和世界历史性。这里我们仿佛看到这种哲学的生活道路的集中表现,它的主要观点)。"②在马克思为写博士论文的笔记本中,包括了许多对古希腊哲学发展史的评论,其中对苏格拉底哲学的评论就隐约体现了他不满足于"自由"的抽象规定:"主观性在它的直接承担者身上表现为他的生活和他的实践活动,表现为这样一种形式,通过此种形式他把单独的个人从实体性的规定性引到自身中的规定;如果撇开这种实践活动,那么他的哲学内容就仅仅是善

---

① 《马克思恩格斯全集》(第二卷),人民出版社 2005 年版,第 99 页。
② 《马克思恩格斯全集》(第二卷),人民出版社 2005 年版,第 75 页。

的抽象规定。"①这些都是马克思日后与黑格尔主义分道扬镳的原因之一。

马克思将哲学分为两个极端对立的派别:自由派和实证派。他明确地将伊壁鸠鲁描述为"自由派"思想家,也明确地将自己归入"自由派"阵营当中,"因为只有自由派才能获得真实的进步"。自由派哲学不仅宣扬了能动的原则,导致一种自由的无神论,而且它提供了批判或否定的环节,展示了人的行动自由的可能性。只有完全的自由才能发挥人的创造力,因为人完全按照自己的自由意志而摆脱了命运的摆布。他借普罗米修斯之口说:"总而言之,我痛恨所有的神。"马克思认为人的自由是完全的、崇高的,集中体现在这句口号:"它反对不承认人的自我意识是最高神性的一切天上的和地上的神。不应该有任何神同人的自我意识相并列。"②早期马克思也受到德国浪漫主义的影响,特别是从波恩大学的施莱格尔老师那里得到启发:哲学不能天马行空,而必须立于大地;哲学必须注重个别性的现实,而不是仅仅盯住抽象的普遍本质。浪漫主义更加注重个体的自由而促使理想成为现实。马克思的理论旨趣在日后向历史唯物主义或资本运行内在逻辑分析的转变中,阐述到个人的创造力受到社会的历史的制约(前人的创造力奠定的基础),也表示资本生产造成的异化统治和拜物教的现象,但坚信人的自由是完全的这一点并没有改变,因为人的创造力是最高的动因,所以人类可以按照自己的意志去改造自在世界和现有的属人世界,所以人类能够克服异化和拜物教等等外在的束缚而进入共产主义的自由王国。这是马克思保持乐观性的根源。

能动性显然对人的生存是非常重要的。作为理性存在物,对人类社会现象进行"理性选择论"的解读当然会有说服力。但用微观的生物学或心理学的视角来理解个人的行为选择,对需要、欲求的分析就十分必要了。恩格斯评价马克思道:"正像达尔文发现有机界的发展规律一样,马克思发现了人类历史的发展规律,即历来为繁芜丛杂的意识形态所掩盖着的一个简单事实:人们首先必须吃、喝、住、穿,然后才能从事政治、科学、艺术、宗教等等。"③人类历史的发展规律即人的存在首先是满足自己的物质需要,然后

---

① 《马克思恩格斯全集》(第四十卷),人民出版社 1979 年版,第 69 页。

② 《马克思恩格斯全集》(第一卷),人民出版社 1995 年版,第 12 页。

③ 恩格斯:《在马克思墓前的讲话》,《马克思恩格斯全集》(第十九卷),人民出版社 2006 年版,第 374 页。

再发展出自由的精神。按照分析主义的马克思主义学者柯亨的解读："知道如何满足强烈欲望的理性存在物，会乐于抓住和采用满足上述愿望的各种手段。从某种意义上来说，人当然是理性的……我们对匮乏的理解是：即便人有欲望和外在本质属性，他们也无法满足自己的欲望，除非他们花费大量的时间和精力做自己不愿做的事、从事无止休的劳作……人可以不断地根据自己的需要来改造生存环境，这是人类所独有的能力。"①马克思的能动概念作为先决条件将人类社会从历史决定论的泥潭中解救出来，个人拥有的巨大的潜能，因而能够进行创造性的思维。理性的批判性根植于人的能动性，在人的群体性交往实践中尤为突出。能动性使人拥有了创造性和开放性的属性，使人在绝对必然的因果链条下仍能保持自身为主体，对马克思的理论来说，有两点不可低估的重要意义：一是制约着人类精神的物质生活方式可以被改造。二是不合理的社会现象（资本异化统治）可以被完全具备能动性的无产阶级所推翻。

4.2　改造世界的劳动力量

生命总是通过创造力去存在，生命总是表现为生生不息、持续不断的创造过程。每一个瞬间是前一个瞬间的延续，但同时又包含了前者更多的东西。生命本质是创造、增长和提高，归结为齐美尔的一句名言："生命比生命更多。"创造性生存意味着在改造既有的客观世界同时创造属人的现实的力量，这个存在过程中必须有身体的（物质性）力量的参与才能实现。马克思的劳动观念是从黑格尔那里发展过来的。黑格尔在哲学层面反思了劳动概念，劳动也就是主体类意识的外化与异化，因为精神性的人类本质实现为物质性和对象性的活动，并直接外化于劳动产品中，所以劳动也意味着人类的自我产生，以及人的主体性之自我确立和提高。黑格尔在耶拿大学学习期间认真研读过斯密等人的经济学著作，他对劳动的理解最初是站在国民经济学家的立场上，在《法哲学原理》中写道："劳动通过各色各样的过程，加工于自然界所直接提供的物资（Material），使之合乎这些殊多的目的。这种造形加工使手段具有价值和适用性。这样，人在自己消费中所涉及的主要

---

①　柯亨：《马克思的历史理论》，岳长龄译，重庆出版社 1989 年版，第 152 页。

是人的产品,而他所消费的正是人的努力的成果。"①黑格尔把劳动看作人的本质,看作人的自我确证的本质,他也看到了劳动的积极方面。黑格尔甚至认识到,通过交换的一般劳动构成了市民社会的本质:"通过个人的劳动以及其他一切人的劳动与需要的满足,使需要得到中介,个人得到满足——即需要的体系。"②黑格尔把真正的人理解为他自己的劳动的结果,把劳动理解为辩证法的推动性原则和创造性原则。他在一定程度上抓住了劳动的本质,但是,正如马克思揭示道:"黑格尔唯一知道并承认的劳动是抽象的精神的劳动。"现实的改造活动被黑格尔理解为精神的外化,马克思的劳动观念首先可以看作黑格尔劳动观的颠倒,劳动是现实能动的真正的类力量对象化过程:"人同作为类存在物的自身发生现实的、能动的关系,或者说,人作为现实的类存在物即作为人的存在物的实现,只有通过下述途径才有可能:人确实显示出自己的全部类力量——这又只有通过人的全部活动、只有作为历史的结果才有可能。"③

马克思从现实角度出发,首先肯定人是一种对象性的存在。无对象性的存在即绝对存在只有上帝本身,而无对象性的存在既不能将自身区分开来,同时也不能将自己的存在和不存在划分界限。所以无对象性的存在和非存在没什么区别。人作为自然存在物,一方面"具有自然力、生命力、是能动的自然存在物",另一方面是"受动的、受制约的和受限制的存在物"。因为人所欲求的对象是不依赖于他的对象而存在于他之外的,所以人要实现自己的本质,就必须运用能动性去克服和占有对象性的存在,并将其成为自身本质力量的一部分。马克思说人是一种感性存在物,"一个激情的存在物,激情、热情就是人强烈地追求自己对象的本质力量"。④ 这句话明白无误地体现出马克思受到意志主义和浪漫主义的影响。马克思所说的"劳动",是体力劳动与脑力劳动的结合。确切地说,马克思比以前的国民经济学家更加注重体力劳动的重要性。在此前的观念中,繁重的体力劳动是痛苦的,谁也不希望这种劳作。休谟描述了排除体力劳动的理想生活:"没有费劲的工作要我们来做,不需要耕耘,也无需出海。音乐、诗歌和沉思成了

---

① 黑格尔:《法哲学原理》,范扬、张企泰译,商务印书馆 1961 年版,第 209 页。
② 黑格尔:《法哲学原理》,范扬、张企泰译,商务印书馆 1961 年版,第 203 页。
③ 马克思:《1844 年经济学哲学手稿》,中央编译局编译,人民出版社 2002 年版,第 74 页。
④ 马克思:《1844 年经济学哲学手稿》,中央编译局编译,人民出版社 2002 年版,第 75 页。

他唯一的工作,而交谈、欢笑和友谊则是他唯一的乐趣。"①古典经济学家亚当·斯密则把生产性劳动看作诅咒,他完全不能理解一个人在"通常的健康、体力、精神、技能、技巧的状况下",也有一份正常的劳动和停止安逸的需要。功利主义者密尔把脑力劳动与体力劳动明显对立起来,脑力劳动是有价值的,应该受到尊重,而体力劳动则是卑微的,受人鄙薄。客观地说,这些思想家注意到了体力劳动的"异化形式",这些重复机械的劳作当然有碍于人类的自由全面发展。但是他们没有注意到体力劳动本来的积极面貌,也就不可能得出体力劳动能够"创造历史"的结论。马克思认为,物质性生产劳动是人类最基本的、最重要的历史活动:"第一个历史活动就是生产满足这些需要的资料,即生产物质生活本身。"②体力劳动是人的本质力量的对象化过程,是主体客体化和客体主体化的相互交织,是改造世界过程中必然性与自由性的统一。将体力劳动和脑力劳动同等地看待为创造一切社会历史条件的前提,马克思提供了一种将人类规定为生产者的价值视角。海德格尔十分敏锐地觉察到这一点:"对马克思来说,存在就是生产过程。"③

黑格尔的劳动的异化仅仅意识外化后的一种设定,其中包含着必然被扬弃,物性必然被否定后重新向精神的回归。因而黑格尔的劳动观并没有触及真正的现实的矛盾,它不过是纯粹的哲学思辨而已。马克思关于异化劳动的观点,是建立在客观的社会条件和生产关系当中的,也就是说,设定异化的主动性并不取决于劳动者,劳动者不是把自己的力量主动对象化并扬弃对象完成自己的本质,而是被动地卷入到这样一种劳动过程中。这种被动的异化并不会像哲学思辨一样主动消灭自己,而是使劳动的对象——产品成为独立的异化存在,且看不到任何回归的可能性。这就是资本主义生产关系造成的异化:"工人在劳动中耗费的力量越多,他亲手创造出来反对自身的、异己的对象世界的力量就越强大,他自身、他的内部世界就越贫乏,归他的东西就越少。"④这种异化使得被创造的对象成为主体,而劳动者由于创造了太多反对的力量而使自身的主动性锐减。劳动者并没有通过创造力来使自己成为主体,相反创造使自身沦为受动物一样的存在。"结果

---

① Hume, *An Enquiry Concerning the Principles of Morals*, Oxford: Clarenden Press, 1894, p. 78.

② 《马克思恩格斯选集》(第一卷),人民出版社 2002 年版,第 78 页。

③ F. 费迪耶:《晚期海德格尔的三天讨论班纪要》,丁耘辑要,《哲学译丛》2001 年版,第 3 期。

④ 马克思:《1844 年经济学哲学手稿》,中央编译局编译,人民出版社 2002 年版,第 89 页。

是,人只有在运用自己的动物机能——吃、喝、生殖,至多还有居住、修饰等等——的时候,才觉得自己在自由活动,而在运用人的机能时,觉得自己只不过是动物。动物的东西成为人的东西,人的东西成为动物的东西。"① 人不是通过创造力去生存,而是通过创造力去存在。这种异化持续越久,就越是使人的肉体、精神和生命力遭到摧残。马克思要批判的是这种生存异化:"在这里,活动是受动;力量是无力;生殖是去势;工人自己的体力和智力,他个人的生命——因为,生命如果不是活动,又是什么呢? 是不依赖于他、不属于他、转过来反对他自身的活动。这是自我异化。"②

在马克思看来,要真正使人有尊严地生存,恢复人之为人的身份,首先要消灭私有财产这种外化的劳动,通过革命或变革生产关系的方式,重新占有这些异己力量,把对象转变为我的存在,最后必然会导致要求反对整个资本主义生产方式,导致世界性意义的共产主义运动出现。共产主义就是扬弃了的私有财产的积极表现,是对物质性的财产表现出的对人的统治力量的积极反抗。值得一提的是,这种反抗形式也不会是采用黑格尔的哲学思辨,而是赤裸裸的现实的强制力(包括暴力革命)。

扬弃了异化状态的、真正的劳动,马克思认为是"人自己的本质力量的现实",是人的"对象性的、现实的、活生生的存在的独特方式"。劳动是感性的、直接的活动,创造着工业的历史和客观的人类社会,同时劳动也创造着"具有人的本质的这种全部丰富性的人",真正的劳动作为人的类活动,是沟通人的主动性与客观世界之间的桥梁与中介,是人的"本质力量"的公开展示和生命力的绽放。

4.3　生机主义

马克思的创造性生存理论明显带有生机主义的成分。生机主义又称活力论、生命主义,一种认为生物的机能和活动产生于物理学和化学均无法解释的生命力的理论。斯多亚学派深入阐释了生机主义,它认为宇宙各部分的连接是绵延式的混合,不是物理表面的单纯接触,不是伊壁鸠鲁学派的原

---

① 马克思:《1844 年经济学哲学手稿》,中央编译局编译,人民出版社 2002 年版,第 90 页。
② 马克思:《1844 年经济学哲学手稿》,中央编译局编译,人民出版社 2002 年版,第 93 页。

子间的并置(juxtaposition)。生机主义受亚里士多德的"隐德来希"理论影响较深,认为生命自己以自己为目的,其扩张动力是完全自由的,并不受到无机世界或机械主义(mechanism)原则的支配。这种超越环境的自我提升之能力是完全反对达尔文主义的。达尔文主义的"物竞天择"的演化论并没有真正表达出生命的内涵和尊严。对于高等阶生命特别是作为智慧生命的人来说,用自然界机械的因果法则显然不能说明其内在本质。

柏格森把"生命冲动"描绘为一种规避分析的"生成"(becoming)的形式。"生命冲动"产生宇宙万物,第一种形式向上喷发,产生有机生命。第二种形式向下坠落,产生无机事物。他在对自由意志的阐发上继续沿着奥古斯丁的论证路线。联想学派的学者把自我还原为一堆意识状态的堆积,这等于忽略了自我的动力,动力才能表达灵魂自由的本质。柏格森生机论的主旨在于:多元、绵延和运动。斯宾诺莎语言理论里存在着"语言作为内容和表达的持续流系统"的特征,尽管他在《伦理学》中表达了理智主义的秩序:

> 个体事物(人当然也在内)借以保持其存在的力量就是神或自然的力量,不是就此力量是无限的而言,而是就此力量可以通过人的现实本质而得到说明而言。所以人的力量,就其可以通过他的现实本质得到说明而言,就是神或自然的本质的一部分。……他所以能必然存在的原因不是纯出于他自己的力量,以排除一切别的由于外在的原因而产生的变化,必是出于自然的无限力量,借此力量以指导一切个体事物,使它们产生除了足以保持其自我存在的动作外,不致被动地感受任何变化。①

但是斯宾诺莎仍然保留了情感、意志等非理性主义因素的地位。德勒兹评论斯宾诺莎伦理学有如一股喷涌而出的激流,"一些断裂、独立、相得益彰、产生强烈效果、构成一种断裂火山山脉的支节"。尼采的生机主义是一种泛化理论,生命的扩张本质被他强行推广到无机界乃至整个世界。"欲求—斗争—提升"是每一个个体必须经历的:"个体本身作为各个部分的斗争(围绕空间、食物等等的斗争):它的发展系于个别部分的胜利、优势地位,系于其他部分的萎缩、器官形成。"②但尼采的生机主义毕竟鲜明表达了生

---

① 斯宾诺莎:《伦理学》,贺麟译,商务印书馆1983年版,第173—174页。
② 尼采:《权力意志》,孙周兴译,商务印书馆2007年版,第350页。

命的主动性特征。

马克思不会简单地将生机主义奠定在生物学或物理学的经验观察的基础上,他也没有相应的自然科学知识。从古希腊的自然哲学研究那里他不自觉地将研究对象限定为人,从黑格尔主义的整体性哲学出发,他将研究对象限定为社会中的人。对比尼采,马克思没有泛泛谈论生机主义,哲学的出发点是人,目的也是人,客观世界或无机世界的自我提升之力量可以存而不论。哲学应该考察的对象是各种社会关系中的现实的人,是"现实的、肉体的、站在坚实的呈圆形的地球上呼出和吸入一切自然力的人",在费尔巴哈看来,这样的人的存在状态是可以直观的感性。费尔巴哈多次强调感性存在才是真实存在,但是他的"类直观"的知识论却仍然陷入一种传统哲学的思辨当中,他把人的本质理解为类,理解为"一种内在的、无声的、把许多人自然地联系起来的普遍性"。马克思认为,唯有社会性的、历史性的人的感性才是真实的感性,人的本质是一切社会关系的总和。历史唯物主义的出发点就是人的感性存在。"全部人类历史的第一个前提无疑是有生命的个人的存在。因此,第一个需要确认的事实就是这些个人的肉体组织以及由此产生的个人对其他自然的关系"。①

创造性的生存,是通过感性的身体活动的创造,而不是思想活动的创造。"一当人开始生产自己的生活资料的时候,这一步是由他们的肉体组织所决定的,人本身就开始把自己和动物区别开来。"②其次,创造性生存是群体性的共同生活方式。"它在更大程度上是这些个人的一定的活动方式,是他们表现自己生活的一定方式、他们的一定的生活方式。"群体的共同的生活方式导致了民族的出现,个体共同的劳动创造导出了"生产力"概念,生产力发展水平又决定了民族的内部结构和外部交往程度。民族的内部与外部分工,又会导致所有制的不同形式。

生产资料私有制会导致阶级的产生和国家的出现。马克思通过对人类历史的经验性考察和分析得出这样的结论:"以一定的方式进行生产活动的一定的个人,发生一定的社会关系和政治关系……社会结构和国家总是从一定的个人生活中产生的。"③

---

① 马克思:《德意志意识形态》节选本,中央编译局编译,人民出版社 2003 年版,第 12 页。
② 马克思:《德意志意识形态》节选本,中央编译局编译,人民出版社 2003 年版,第 13 页。
③ 马克思:《德意志意识形态》节选本,中央编译局编译,人民出版社 2003 年版,第 13 页。

　　任何人的生存状态都有一个感性基础,哪怕是高级的、宗教信仰式的神圣状态也必须有世俗基础。当时德国哲学的关注点从人间转到天国,但它恰恰忘记了天国的世俗基础。当绝对完善的"神的王国"变成人类理想时,事情就颠倒过来了:感性生活,现实的物质基础会被污蔑成微不足道的一根棍子。马克思针锋相对地说,历史的展开却是以生产这根棍子为前提。费尔巴哈将现实的实践贬损为"卑污的犹太人的活动",他并不明白神圣家族的世俗矛盾,所以他所谓的感性是直观的,是抽象观察的结果;即便是个人的宗教感情,也是孤立的非历史的抽象。马克思说的"人"指的是有血有肉的人,在从事物质生产活动的人。"这些个人是从事活动的,进行物质生产的,因而是在一定的物质的、不受他们任意支配的界限、前提和条件下活动着的。"①人的精神生活,政治、法律、宗教、道德或者形而上学,各种貌似崇高的意识形态,底层都有一个物质生产的感性基础。"思想、观念、意识的生产最初是直接与人们的物质活动,与人们的物质交往,与现实生活的语言交织在一起的。"

　　感性活动的前提不是人的自由意志,而是历史的实践。人的本质的实现,是以历史的物质活动为基础的。也就是说,人的感性活动并不是以外在的物质环境为基础,而是以前人的感性活动造就的社会环境为基础。现在的感性活动是在以往的一代代人的实践造就的工具、资金和技术等客观社会条件的基础上才展开的。马克思确立这个原则,对唯意志论是一个巨大的颠覆,据以往的哲学,人的行为的原因如果不从绝对必然的上帝那里去寻找,那么势必在人的意志的绝对自由中寻找。完全自由的意志按照自己的规则、按照自己欲求产生的命令去行事,这种随心所欲之状态完全是非理性主义的,也会走向自相矛盾而求助理性来建立秩序。马克思没有从理性形而上学的维度抽象地思考感性活动的原因,也不屑于用先验的道德原则来规范人的行为。他只是指出了这样一种历史事实,人的创造性受到前人的创造的制约,人的现实生存状态和人的历史生存状态密切相关。

　　马克思热情地歌颂生命的力量,他本人尽管饱受生活的磨难,但仍然保持一种积极的心态。在波恩大学时期,马克思曾受到德国浪漫主义的影响,但他却没有投入非理性主义的怀抱。马克思的生机主义并不强调一种不受机械运动影响的生命冲动和完全自由的自我意识。这是他同鲍威尔、施蒂

---

　　①　马克思:《德意志意识形态》节选本,中央编译局编译,人民出版社 2003 年版,第 25 页。

纳等青年黑格尔派完全决裂和建立历史唯物主义学说的原因。唯有历史性才能说明自我和创造的奥秘,唯有历史性才能说明生存状态之何以可能的根据。如果有人按照形式逻辑的递推演绎来反诘马克思:如果创造力的根源是前人的创造力,如果前人的实践决定了我们今天的实践,那么请问谁来决定前人的实践呢? 什么东西构成人的创造力的源泉? 马克思肯定会基于现存性来反驳:你的生命已经存在了,却要我证明你生命的存在;你的创造力已经存在了,却要我证明其存在。追究永恒的第一因的方式本来就是形而上学的思辨。对马克思来说,用历史的经验的分析对现实产生影响和筹划未来,才是应该思考的重心。

4.4　历史主义

　　对一种生存状态的描绘必然先行包含着历史和时间观念。一般认为僵化的无机物无所谓过去、现在和将来,它们只有在空间上延展的意义,而有生命之物每时每刻都在产生自身。齐美尔说:“只要有生命存在,它就产生某种活生生的东西。”[①]柏格森将生命力把握为动态地流动,并不断地通过不可逆转、不可复存的加法方式,同宇宙般作线性的延伸和漫流。绵延是一股奇异的包容自身的力量,绵延是内在意识时间:“意识所以能保持它们,乃是由于外界的这些不同状态引起了种种意识形态,而这些意识形态互相渗透,不知不觉把自己组成一个整体,并通过这个联系过程把过去跟现在连接在一起。”[②]在后来《创造的进化论》一书中,“绵延”是“当我们的自我让自己生存的时候,即当自我制止把它的现在状态和以前各状态分离开的时候,我们的意识状态所采取的形式”。即便是最底层的有机生命,也从惰性物质中抽取能量,处于生命力巅峰状态的人类,可以自由地摄取能量,所以本能的作用下降了,智能支配了人类的创造行为。通过在空间世界创造而把握生命的内在流动本质,走向主体的生命活力和普遍之爱。柏格森的“绵延”非外在的物理时间,也并非传统的历史主义观点,因为并不能从中得出本质之类的形而上学概念。单个人的时间和意识都由于其特定的经验、感觉和意

---

①　齐美尔:《生命观》,1918 年德文版,第 20 页。

②　柏格森:《时间与自由意志》,商务印书馆 1958 年版,第 89 页。

识叠加,形成了特殊的曲线。如果我们想完完全全地了解和认识他人,必须和他人的经历和精神层面融为一体,才能知晓共同的感受。柏格森哲学的结果是对人类精神的异质性和自由状态的肯定。

狄尔泰将生命的精神本质把握为历史的和社会的存在。生命把人类的永恒的历史当作背景,它其实就是历史的、社会的生命。生命的本质只能到历史性的存在中去寻求,也就是说,只有在历史的进程中才能真正领悟生命的真谛。生命个体对周遭环境形成的感知、评价等活动联系成为一个独特的体验中心,无数生命个体结成生命之网络,汇聚生命之巨流,生命由此在人类中间现实化为社会历史的存在。"生命,作为相互影响的、时间上相续的事件,就是历史生活"。[①] 狄尔泰的朋友约克伯爵在一次通信中说道,"我们共同的兴趣在于领会历史性"。这句话将狄尔泰生命哲学的特征揭示出来。生命并不是形而上学的抽象和规定,也不是黑格尔把握的精神实体。这有助于真正领会生命的活力。"您(狄尔泰)的历史概念却是一种力量纠结的概念,是种种力量统一体的概念,形态这一范畴只能以转义方式应用到这些概念上"。[②] 把历史概念的本质领会为生命的冲动,这是狄尔泰与众不同的洞见。

然而通俗的历史观念被看成是随着物理时间的流逝而发生的公共事件的演历。时间是描述的基点,一种没有尽头、直线流逝的、不可逆转的序列。通俗历史观念主要开始于亚里士多德给时间的定义:"时间即是计算在早先和晚后的视野上照面的运动时所得之数。"可见时间观念始终与物体的运动相关,而因为计算运动的数目被强行纳入了理性的范畴。所以海德格尔评价说:"对时间的计算越是自然,它便越少地逗留于道出时间本身。"[③] 即使是黑格尔的时间观念也是通俗时间观念的变种,黑格尔把时间称为"被直观的变易",在他看来,时间是一条"现在"的河流,"现在具有一种非常的权利:它只作为各个单独的现在'存在',但这个张扬自身排斥其他一切的现在,一旦我去说出它时,就消解、融化、粉碎了"。[④] 通过这种敉平的时间观念来描绘绝对精神的运动过程,所以,黑格尔的历史主义不免陷入形式化和概念化

---

①　《狄尔泰全集》(第 7 卷),1961 年德文版,第 261 页。

②　《狄尔泰和约克伯爵的通信集》,哈勒版,第 193 页。

③　海德格尔:《存在与时间》,陈嘉映、王庆节合译,生活·读书·新知三联书店 2006 年版,第 476 页。

④　参见黑格尔《哲学全书》第 258 节。

的危险。

马克思的历史主义当然受到黑格尔学说的影响，毋宁说，马克思一开始就是从历史主义的角度来展开自己的理论的。在没有和青年黑格尔派决裂之前，马克思注意到的社会现实也是自我意识的历史发展。他头脑中根深蒂固的"正—反—合"的辩证法一直被运用到《资本论》的分析中。就逻辑结构而言，马克思的历史主义和黑格尔的历史主义是完全一致的，它们同样遵循否定之否定的上升规律。但我们要讨论的马克思的历史主义的独特之处，特别是在创造性生存理论方面展现出的历史维度，与以往的历史哲学完全不可同日而语。

马克思强调历史的现实性，早在《黑格尔法哲学批判》导言中就批判了所谓的"观念历史"，"正像古代各民族是在想象中、在神话中经历了自己的史前时期一样，我们德国人在思想中、在哲学中经历了自己的未来的历史"。① 没有现实的历史，就不可能注意到现实的矛盾，德国就谈不上真正的发展。撇开历史的进程，抽象地考察市民社会，即使像费尔巴哈那样强调感性现实，也只能做到对社会的客体直观的形式的理解。所以马克思的历史观念是黑格尔的辩证法与费尔巴哈的感性直观的综合。他从现实的社会矛盾出发（生产力与生产关系），勾勒出超越物质生产的自由王国的未来图景。

马克思的历史观念一开始就限定在人的生命力上，超出人的生存范围的史前历史，奇虾究竟是不是以三叶虫为食，并不在马克思的考察范围之内。马克思并没有从物理时间来理解历史的延展脉络，所以一个"有生命的个人"是他的历史观的起点。对于"第一个有生命的个人"之前存在的历史状况，马克思认为只有抽象思辨的意义。

马克思的历史观念描述的主要对象就是生产力以及与生产力发展相适应的生产关系，即人通过本质力量的对象化来改造客观世界并结成的共同生存状态。这种历史观的基础是："从直接生活的物质生产出发阐述现实的生产过程，把同这种生产方式相联系的、它所产生的交往形式即各个不同阶段上的市民社会理解为整个历史的基础，从市民社会作为国家的活动描述市民社会。同时从市民社会出发阐明意识的所有各种不同理论的产物和形

---

　　① 马克思:《黑格尔法哲学批判》导言,《马克思恩格斯选集》(第一卷),人民出版社 1995 年版,第 29 页。

式,如宗教、哲学、道德等等,而且追溯它们产生的过程。"①通过生产力水平的发展程度和生产资料所有制形式,可以区分出一个个社会形态,马克思认为历史不外乎是各个世代的依次交替而已:"每一代一方面在完全改变了的环境下继续从事所继承的活动,另一方面又通过完全改变了的活动来变更旧的环境。"②然而这并不是简单的循环,历史从中迈出了自己前进的步伐。马克思坚持历史进步论。各个原始的部落的民族的生产活动逐渐进步,封闭隔绝的生存状态就会被打破,历史也就成为普遍的世界历史。随着世界历史的展开,生产力的高度发展和人们普遍交往的实现,消灭地域性的运动就会出现,未来的共产主义王国就有了实现的可能。当然,这中间会经历许多曲折的阶段,个人力量通过对象化变成物的力量,必须要重新占有这些物的力量。马克思叙述了可能的原因:异化、分工、拜物教和资本增殖运动等等,需要从否定之否定的逻辑上去超越这些障碍,个人才能获得全面发展。

　　海德格尔评价说:"马克思在体会到异化的时候深入到历史的本质性的一度中去了,所以马克思主义关于历史的观点比其余的历史学优越。但因为胡塞尔没有,据我看来萨特也没有在存在中认识到历史事物的本质性,所以现象学没有、存在主义也没有达到这样的一度中,在此一度中才有可能有资格和马克思主义交谈。"③马克思的历史学之所以比较优越,是因为马克思真正思考到了历史的本质。历史并不是物理时间的简单流逝和客观事件的堆积,历史的本质就是人的本质,就是人如何通过创造性活动来生存的历史。历史主义的眼光避免了静态的单向叙事,马克思描述的人的本质是一种基于自身展开的丰沛充盈的生存可能。

　　本章节讨论了马克思创造性生存理论的四个典型特征。其实,马克思的所有理论都是围绕人这个主题展开的,作为青年黑格尔派的一员,坚持理性至上的原则,人的自我意识优于神性;作为费尔巴哈的崇拜者,坚持上帝的形象源自于人的形象。作为历史唯物主义的提出者,人的劳动生产是历史的基础和前提。作为对资本主义生产方式的批判者,反抗资本同一性的逻辑,达到人的全面解放。马克思的哲学思想并不是为了追求纯粹智慧,也从不试图发现一套一劳永逸的永恒的先验原则。马克思的理论兴趣和出发

①　马克思:《德意志意识形态》(节选本),人民出版社 2003 年版,第 28 页。
②　马克思:《德意志意识形态》(节选本),人民出版社 2003 年版,第 25 页。
③　海德格尔:《路标》,孙周兴译,商务印书馆 2000 年版,第 236 页。

点都是为了解决现实的社会问题,怎样使人类处于更好的生存状态。人类通过劳动创造性地改变自然、同时也改变自身,完成社会历史的进步和人的全面自由发展。创造性生存理论坚持主体的能动的自由,以劳动力量为中介,重新阐释生机主义,把历史性和社会性作为理论的主要特征。创造性生存理论承继了意志主义和生命哲学的部分传统,后又影响了反逻各斯中心主义的多元文化和现代哲学的潮流。

第5章　力量形而上学的现代维度

力量形而上学在经历马克思对理性形而上学的颠覆后,反而进一步得到了彰显,没有了理念的遮蔽,才会以思想解放的形式成为创造性生存理论。理性形而上学经过两千多年,发展成方方面面的学科知识大全来主宰并控制我们的生活。这种知识越是丰富、越是完善,人们离他们的本性也就越远。虽然文明的训诫将人们的价值观念整体倒转,理性也告诉我们什么样的生活值得一过,但是,仍有本能的欲望在升腾、反抗,在黑夜降临之时迫近虚无之深渊,使我们陷入对自身存在的疑虑。这个时刻,在豪华整洁的现代化寓所中,与几十万年前在狭小的山顶洞穴中一样,人类经历同等的疑虑。古希腊社会力量与思想共在的生存方式,到中世纪意志只能发出微弱的呼声,到近代尼采的桀骜不驯的反叛。我们试图清理一条与理性主义完全不同的发展线索,即使在自然科学一统天下并试图寻找人类心理运动规律的今天,现代哲学中也具有意志主义和生命哲学的成分,在马克思之后的各种思潮里,我们仍能寻觅力量形而上学的踪迹。

5.1　无意识的力量与"力比多"

尽管有人将弗洛伊德视为马克思的最佳继承者之一,还不厌其烦地将两人的学说一一对比。但是,明显的差别还是比较容易看出的。在原始的欲望方面,马克思认为任何高雅的精神生活都产生于匮乏感消除之后,而带来匮乏感的那些欲望——"吃、喝、住、穿",主要是因为物质生活资料的缺失。如果从中选取一个基本的欲望,那就是"吃喝"——吸收营养的欲望。马克思的选择肯定不会和弗洛伊德的"性欲"一致,从保存生命的角度来说,吸收营养的欲望要优先于其他任何欲望。革命如果源于欲望,那也不会是追求性欲解放,而是为了更多的生活资料。总体上说,弗洛伊德的学说开启了对欲望别具一格的分析。

无意识比意识潜藏得更深,如果意识是冰山的一角,那么无意识就是冰山在海平面以下庞大的山体。"心理过程主要是无意识的"。无意识是心理结构的核心,它倒过来决定意识。无意识中蕴含着本能和欲望,具有强大的心理能量的负荷,总是迫切地寻找发泄的出口,力图渗透到意识当中去得到满足。无意识是最原始、最初级的心理因素,是比较散乱的、碎片化的潜在意识,难以遵循理性逻辑的结构保持一致,也难以通过明确的言语道说自身。但弗洛伊德认为无意识具备了强大的能动性,不安于被压抑的地位而时时刻刻企图得到实现。因为受到了极强的压制力量,所以无意识同时具有极强的向上生长的反抗力。无意识越是原始,越是接近生命力的核心,越是具备生命力的主动品质。

弗洛伊德进而把无意识归结为人的内驱力或者本能。他称自己的思维方式是"唯能论的"。弗洛伊德深受物理学能量守恒与转化定律的影响,认为人是一个受本能驱动的复杂的能量系统,类似于"生物动力系统"。人的能量系统中有各种生理形式表现的机械能、化学能、电能和心理能等等,能与能之间可以转换调节。某种欲望如果因外在客观条件受阻不能进行活动,那么这个"能"会转移到其他活动上。本能是有机体的生物能量,它可以在心里活动中得到释放。各种本能欲望是无意识中最活跃的因素,因而是动力的源泉。在所有的本能或内驱力当中,弗洛伊德认为最核心的就是性欲,他用自己的术语来表达为"力比多"概念。

"力比多"(libido)是一种原始的性欲,弗洛伊德一开始就有将"力比多"概念泛化的倾向,他认为这种性欲不仅仅包括生殖活动,也泛指所有追求感性刺激的心理快感。弗洛伊德说:"我对性观念的发展是两方面的:第一,它使性与性器的关系不再那么密切了,它认为性是一种更为广泛的肉体功能,首先以快感为目标,其次才为生殖服务;第二,它把性冲动看成是包括所有纯粹的感情与友爱的冲动,即通常用含义极为模糊的词语'爱'所指的那些冲动。"[①]在弗洛伊德的后期理论中,力比多的含义更进一步扩大,是整个"本我"也叫"伊特"(id)的内核,不但成为个人创造性活动的动力能源,而且扩展为一切社会文明现象的基础。他指出:"力比多"和饥饿相同,是一种力量、本能。这是性的本能,饥饿时则为营养本能,即借这个力量以完成其目的。荣格对此解释道:"力比多,较粗略地说就是生命力,类似于柏格森的活

① 弗洛伊德:《自传》,廖运范译,上海三联书店 2011 年版,第 76 页。

力。""力比多"就是一种心理的能量，一种不倦的推动力，是一种创造性的生命能源。我们可以看出，这种泛化的"力比多"远远超出了性欲的范围，延伸为生命的欲望，包含了马克思说的饮食之欲，因此弗洛伊德的学说和马克思的学说有了交叉点，后经弗洛姆的发挥演进为弗洛伊德主义的马克思主义。

　　"力比多"的实现遵循快乐原则，即趋利避害或趋乐避苦，非意指沉溺于感官享受的满足，而是指欲望总是克服障碍追求自我实现。在生理欲望阶段，"力比多"的实现以感官刺激的舒适程度为宜，带有生理的快感。到了精神欲望阶段，"力比多"的实现以精神的完满自足为目的。精神成长需要自我超越，初期阶段总是否定性的，精神感到压抑，这时非但不快乐，甚至是十分痛苦的。弗洛伊德的解释在这里和尼采的强力意志相似，快乐——在于对既定目标的执著追求，在于追求过程中充满冒险、奋斗与竞争。这种快乐不是安逸舒适，满足在既定状态，而是在通往更高目标的道路上努力奋进的崇高感。"力比多"不仅仅在于实现性欲、完成繁殖的目的，整个社会文明正是在人类这样一种不断追求和斗争中实现的。

5.2　身体空间、运动和性别

　　梅洛·庞蒂把身体看作是反抗笛卡尔主义的根据地，身体中的"自我"比思想中的"自我"更始源，身体不是一件自在的客观事物，也不是精神主体为了达成目的而借助的工具和载体。在《知觉现象学》中，身体是感性经验的永恒前提，是向世界知觉性的开放和倾注的形成。身体与世界构成一个完善的系统，而身体居于系统的核心位置。"身体本身在世界中，就像心脏在肌体中：身体不断地使可见的景象保持活力，内在地赋予它生命和供给它养料，与之一起形成一个系统。"[①]空间存在、方位与远近、内在与外表，都在身体的知觉中先行领会到了："在空间本身中，如果没有一个心理物理主体在场，就没有方位，就没有里面，就没有外面。"[②]世界的存在是通过与我的身体的关联，犹如我的身体中各部分之间的关联，在一种活生生的关联当中，直接地呈现给我。

[①]　梅洛·庞蒂：《知觉现象学》，姜志辉译，商务印书馆2001年版，第235页。
[②]　梅洛·庞蒂：《知觉现象学》，姜志辉译，商务印书馆2001年版，第262页。

思维不能把握现实的运动,芝诺的悖论已经清楚无误地表明了这一点。思维可以给运动计数,在运动过程中插入坐标,可以用确定性的概念或规则来描述运动,只是这中间被忽视的恰恰是运动的本质属性:运动着,一种活生生的时空历程。所以用思维来把握生命也存在这样一种缺陷:难以捕捉那鲜活的、茁壮生长的本质属性。庞蒂认为,把握生存运动需要某种视觉。因为生存运动不是靠把运动和视觉置于"我思"的支配下,而是靠把运动和视觉引向"一个世界"的感觉统一性,才能使运动真正地被观察到。感觉统一性就需要身体作为中介,一方面作为感觉主体,一方面作为可以被推动的物体。"当身体理解了运动,也就是当身体把运动并入它的'世界'时,运动才能被习得。"①身体空间不是一个被构成或被表征的空间,身体与空间之间的联系是直接的,我们的脚向前迈出一步,没有使用到任何方位加减的运算即可完成。我们感觉头皮很痒时,抬起手不需要任何精确定位就可以将手放在合适的位置。我们的身体非常熟悉运动,和非常熟悉空间一样,依据本能就会连接在一起。"我们不是一种'空洞的'并且与运动没有关系的空间里,而是在与运动有一种非常确定的关系的空间里做运动。"②

弗洛伊德只是在谈"力比多"的基础作用和实现过程,按照庞蒂的理解,性欲的正常延伸应该建立在有机主体的内部能力的基础上,也就是说,性欲的展开应以现实的身体为基础。性刺激、性幻想和性行为通常都会建立在一个对象性的身体上,触觉表象的持续,唤起一种新的"理解力"。"因为知性是在感受一种观念中的一种体验时进行理解,而欲望是在把一个身体和另一个身体联系起来进行盲目的理解。"③欲望的对象就是另一个身体,另一个具有性器官和可能引起快感的对象,性别的区分不由自主地产生,男性或女性,并非在于文化历史造成的主动性与被动性之区别,而是始终能把对象呈现的刺激性和性爱情境联系起来的能力存在。"应该使原始世界具有活力,把性的价值或意义给予外部刺激、为每一个主体描绘如何使用其客观身体的性爱(Eros)或性本能(Libido)"。④

庞蒂从性欲出发,将身体演绎成生存的基础。因为身体是一种实存:

---

① 梅洛·庞蒂:《知觉现象学》,姜志辉译,商务印书馆 2001 年版,第 184 页。
② 梅洛·庞蒂:《知觉现象学》,姜志辉译,商务印书馆 2001 年版,第 183 页。
③ 梅洛·庞蒂:《知觉现象学》,姜志辉译,商务印书馆 2001 年版,第 207 页。
④ 梅洛·庞蒂:《知觉现象学》,姜志辉译,商务印书馆 2001 年版,第 206 页。

"身体把观念转变为物体,把我的睡眠模仿转变为实际睡眠,身体之所以能象征生存,是因为身体实现了生存。"身体存在就是一种现实的、无声的对理性形而上学的对抗:"身体实际上是我的生存摆脱生存本身,成为来源不明和被动,陷入一种繁琐哲学的可能性。"身体是生命的"躲藏处"。生存中出现的貌似重大意义的观念和形式、文化和规训,因为我们有身体,所以就保持着每时每刻可以摆脱情境的能力。因为我们有身体,所以才能拒绝让周遭世界进入,相反也能使我们向世界开放。在世界中存在,也能与他人共在。"身体缔结了我们和世界的第一个条约",另外,身体重新向他人或过去开放,身体被共在贯穿。身体反对(理性)形而上学,形而上学是自然在另一边的显现。身体与存在保持亲缘关系,是因为身体本就在自然的这一边:"之所以我们的身体在我们看来是我们的存在的镜子,无非是因为我们的身体是一个自然的我,呈现的存在潮流,因此,我们不知道支撑我们的力量是身体的力量还是我们的力量——更确切地说,支撑我们的力量不完全是身体的力量或我们的力量。"[①]在庞蒂看来,不能以符号和意义的关系看待身体和存在。两者是互为前提的,身体是固定的生存,生存是一种持续的具体化。"这是因为生存不是人们可以把它归结为其他范畴,或其他范畴可以归结为它的一个事实范畴,而是范畴间联系的模棱两可的环境,范畴的界限变得模糊的点,或是范畴的共同结构。"[②]

5.3　权力、主体和谱系学

米歇尔·福柯和法兰克福学派一样,认为现代理性是一种强制性力量。在古典时期,理性作为强有力的控制人类的方法已经日趋完善。标志着进入现代社会的启蒙运动,宣称理性等同于进步解放,其实质是从一种控制到另一种控制。如果说在古典时期人的理性从神学束缚中被解放,它用知识系统和话语实践来区分和规范各种经验形式,试图给无神的世界重新建立秩序,那么现代理性基于广泛的公共性和社会基础衍生出一种政治力量,将人类所有的日常生活都囊括其中。简单说来,福柯的立论是要撕开"现代

①　梅洛·庞蒂:《知觉现象学》,姜志辉译,商务印书馆 2001 年版,第 206 页。
②　梅洛·庞蒂:《知觉现象学》,姜志辉译,商务印书馆 2001 年版,第 219 页。

性"虚伪的面具,它没有自己宣传的那样光明和崇高,现代性不过是一种控制和统治的形式,主体和知识等等都是被它构造出来的产物。我们一直沉溺其中的平等、自由,都是虚构出来的解放的神话。启蒙的理性神话用求全求同的虚妄来掩饰和压制多元性、差异性和增值性。

也许福柯本人非常反感马克思主义,例如马克思主义经济学可能导致的经济决定论,或者"知识是解放全人类的力量"等观点,但是,福柯的学说在某种意义上是对马克思理论的继承。他们都比较关切人类的真实的生存状态,反对外部力量的强制(马克思那里是异化、拜物教和资本,福柯这里是权力机制)。稍有不同的是,马克思提到的外部力量一般是从生产力量的异化开始的,而福柯提到的外部力量主要指的是政治力量。

在《疯癫与文明》一书中,福柯用了许多篇幅来探讨社会是怎样对待疯子的,从将疯子接受为社会秩序的一部分到将他们看作必须关闭起来的人。理性开始试图治疗癫狂,意味着理性拥有权力(power)对异类物进行规训。在监狱、学校、医院和军队等诸多制度中,丰富多样的生命被权力机制规训和塑造成"主体"。主体被权力视为既是对象、又是其运用的工具。规训的终极目标和结果就是"规范化",即消除一切不规范的社会的和心理的因素,通过改造精神和身体达到"脱胎换骨",塑造出温驯和有用的主体来。正是权力形式,使得个体成为主体。福柯说:"主体一词在此有双重意义:凭借控制和依赖而屈从于他人;通过良心和自我认知而束缚于他自身的认同。两个意义上都表明权力形式的征服性。"① 在《性经验史》中,福柯将对身体的规训力量称为"生命—权力"(bio-power),是"人体的解剖政治学"(politics of the human body)研究的对象。这种新的权力模式是专门对付"专属身体"(the species body)的,这样,一个生物性的身体,连性生活这种本来自然存在的生命状态,被整合在各种知识和权力结构中,成为理性管理和塑造的对象。这种生命权力(bio-power)自有其历史的积极作用。至少在启蒙运动中攻击了传统的君主制权力,扩展了政治领域,释放了为传统而粗糙的权力所抑制的力量。或者说,生命由此进入了历史,进入了政治技术领域。一方面是生命权力得到了增强,另一方面是生命问题凸显在历史背景中。"从16 世纪末到 18 世纪末,……国家对个人的生命有着越来越多的干预;对于政治权力而言,生命问题越来越重要了;社会科学和人文科学可能会发展出

① 汪民安主编:《福柯读本》,北京大学出版社 2010 年版,第 284 页。

一些新的领域——只要它们在人的范围内、在活生生的人和其环境的关系范围内讨论个体行为问题的话"。① 但福柯并没有采用现代性的整体描述法,没有让历史的发展变成围绕一个中心的运动,福柯反对黑格尔和马克思的历史进步观念,他认为历史只是在其中的各要素不断离散与水平域的重组,没有任何终极目标贯穿历史。

后期福柯受到尼采的《道德谱系学》的影响,他选择了对那些主流思想和科学所排斥和遗忘的边缘话语进行历史研究。所谓谱系学研究,即是把话语置入社会制度和实践之中并揭示出其中的权力机制。话语和知识并不是像科学所宣称的那样是中立客观的,也绝非某些政治解放理论宣称的可以代表全人类的利益。福柯研究权力的本质是为了研究主体的本质,即个体如何成为主体的。权力如何施展? 一般说来,权力通过行为引导(conduct)和操纵可能性来施展自身。引导(根据各种严格程度不同的高压机制),权力是纵向的:"从根本上说,权力不是两个对手的对峙或交锋,而是治理(government)问题。"②治理并不只涉及政治结构或国家的管理,它也表明个体的行为可能被引导的方式。这是一个身体强制关系的问题,权力代表着强制,我们的非意愿,抵抗的意志和不妥协的自由。权力会触发"根本的敌意"(antagonism),使人拥有处于一种紧张状态当中。

福柯认为暴力才是权力关系的原初形式和永恒秘密。"一旦迫使它撕开面具,露出真身,它的真正本质最终会暴露出来。"因为暴力肆虐的程度和作用的范围规定了权力的界限。"暴力关系针对身体或者其他物发生作用,它强迫、压服、毁灭、破坏、关闭一切可能性。"③暴动的权力是绝对主体,它的对象只能站在绝对被动的地位上选择接受和毁灭。暴力毁灭一切不符合自身的东西,它意欲同一性。暴力不是权力关系的结果,而是其原因和手段。权力只是意愿达成预期的接受,它只是在可能性领域运作,使行为主体能够自我刻写。"它刺激、煽动引诱,它使得、变得更易或者更难;它放弃任何图谋,让可能性存在。极端情况下,它绝对地强制或禁止。"福柯描绘了权力关系如何施展的过程,不同于尼采的权力意志,这里的权力关系针对的是一个主体或者多个主体的行为,权力关系只是针对行为。而权力意志是意

---

① 汪民安主编:《福柯读本》,北京大学出版社 2010 年版,第 278 页。
② 汪民安主编:《福柯读本》,北京大学出版社 2010 年版,第 291 页。
③ 汪民安主编:《福柯读本》,北京大学出版社 2010 年版,第 278 页。

欲自身权力的增殖,可以是行为、也可以是意志,更多的权力意志是关涉自身的。重要的也是关键的区别是,福柯和尼采虽然都在描述权力的强制性和暴力性的一面,但两者的视角是完全不同的,福柯基于社会关系和政治视角,得出的是人的本质自由被压制的现实结论。而尼采基于自然角度和生命自身,得出的人的自由必然会超越束缚的理想主义情怀。

5.4　哲学的力、无器官的身体和欲望的机器

　　"我们必须把哲学看成一股力",吉尔•德勒兹如是说道:"但力的法则却在力只有在被此前存在的力的掩盖下时才能出现。"[1]哲学模仿生活,生活模仿物质,哲学从本质上说是一种涌动的生命之力,但由于希腊哲学——理性主义的出现,哲学的本来面目就被掩盖起来了。德勒兹把这一切的始作俑者归结到苏格拉底,从此哲学家的目光不再关注浩瀚星辰,而是带着牧师的面具来凝视人。希腊哲学带着各种格式和法则来观察人,结果却丢失了人。对于哲学家自身来说,我们可以得知他的美德,他对感性情绪的摒弃,和他对智慧的热爱,但是我们无法推测他的独特的情欲和孤独,因为我们对他如何如此生活的那些本质冲动缺乏根据。德勒兹认为,哲学命中注定要在历史的发展中堕落,遗忘自身和反对自身,一如海德格尔述说的丧失存在之根基。思想并不促使一种更加积极的生活,反而提出了高于生活的价值判断以限制生活。理念高高在上宰制生活,生活也贬值为否定性的此岸,生命被弱化到如此地步,以至于彼岸世界的幻相成为信念。德勒兹高度赞扬了尼采的颠覆,他用哲学的锤子击碎了以往的真理和权威,使人按照他支撑重量和承载负担的能力来生活。通过创造性来生存,在这里明显和马克思有不同的维度,创造意味着推陈出新:"那么,所剩的一切就只有批判的幻觉和创造的幽灵,因为与创造者相对立的莫过于承载者了。创造就是轻装上阵,就是卸掉生活的重压,就是发明新生活的可能性,创造者是立法者——舞者。"[2]德勒兹抨击了黑格尔的辩证法,因为辩证法把活生生的人还原为精神或自我意识,生活属性表现为一种缩减了的生活,一种伤残的思

---

　　① 德勒兹:《哲学的客体》,陈永国、尹晶主编,北京大学出版社 2010 年版,第 335 页。
　　② 德勒兹:《哲学的客体》,陈永国、尹晶主编,北京大学出版社 2010 年版,第 336 页。

想,那么,人还能成为真正的主体么?德勒兹解析了尼采的权力意志,力是真正的本质,包含本源的力、征服和破坏的力、次要的力和调节性的力等等。"因为力的本质就是与其他力构成关系,而且恰恰在这种关系中力获得了本质或性质。力与力的这种关系称作'意志'"。力与权力意志之间是互相决定的:"一个力通过权力意志发号施令,但一个力也通过权力意志服从命令。"德勒兹把力分为一般的力和反作用力,肯定的力和否定的力,他认为是反作用力在最后占了上风,权力意志中的否定力量胜利了,导致虚无主义的降临。

德勒兹哲学另一块战斗阵地就是身体。他援引斯宾诺莎的话说:"我们整天喋喋不休地谈论意识和精神,但我们居然不知道身体能做什么,它具备何种力量以及为何要积蓄这些力量。"①德勒兹通过生成的属性来构造身体。要理解身体,首先要理解什么是生成(becoming)。这里不得不提到他的"块茎"的概念。"块茎"是一种植物,不是在土壤里生芽、像树一样向下扎根的根状植物。相反,没有"基础",不固定在某一特定的地点。"块茎"在地表上蔓延,扎下临时的而非永久的根,并借此生成新的"块茎",然后继续蔓延。如同马铃薯或黑刺莓树一样,一旦砍去了地上的秧苗,剩下的就只有"球状块茎"了。一个"球状块茎"就是一个"点","点"的链接就是这种生长过程的结果,这个生长过程也就是德勒兹所说的"生成"(becoming)。德勒兹借此批判传统的理性主义——树状结构(arborescent structure)和根状结构(rhizomic structure),隐喻一种线性的有序结构。它实际上窒息了生命的生成。而身体也是一种生成,只有身体才能感知外部的客观世界。生成以无器官的身体为场所。一种是空虚的无器官身体,还有一种是充实的无器官身体,这是强力得以流通的地方,是权力、能量、生产得以发生的地方。无器官身体有别于身体组织,后者是单一的、统一的、有机的、心理的整体。

德勒兹描述的欲望不是指自然状态的欲望,他甚至不承认欲望的内在冲动。德勒兹和加塔利别具一格地认为:"欲望只能在组装或装配成机器时才存在。"②欲望是需要组装的,需要建构出一个内在性平面使欲望得以展现。"欲望的每一个组装都通过建构使其可能,并通过使其可能而使其发生

---

① Gilles Deleuze: Neizsche and Philosophy, The Athlone Press, 1983, p. 39.

② 德勒兹:《哲学的客体》,陈永国,尹晶主编,北京大学出版社 2010 年版,第 206 页。

的一个平面来表达和创造一个欲望。"欲望是构成性的、而不是自发性的。欲望组成一架机器,它不像是某个器官或者某一个机能,欲望只有在作为每个零件都完整无缺的机器上才展开效用。在这种意义上,可以说德勒兹的关注点是使欲望得以运动的那个组装,那个非传统的结构。组装可以是自然的,也可以是政治的,但都是欲望共存的一种方式。组装由互相跨越、表达和阻碍的不同路线构成,不同路线又构成内在平面上的一个特殊组装。德勒兹喜欢用"强度的连续、流动的综合、粒子的散射"来表达这种组装,欲望在平面上的点是一个个被建立起来的,然后通过连续、综合、散射等作用使平面成为连贯性、不可分割。组装意味着多元化的事件,标志着过程的动词不定式和不确定的代词。集体的机器组装是欲望的物质生产,也是语言表达的原因。虽然之前欲望一般被当作主客体之间的桥梁,但欲望的主体逐渐被分裂,客体也被事先遗失了。在此意义上欲望不能被定义成缺失,因为缺失代表了实体性的主客体存在,代表着欲望的实证性。欲望并不是内在于主体的,也不是趋向于客体的。德勒兹说:"欲望严格地内在于一个并非事先存在的平面,一个肯定是被建构的平面,粒子在那里放射出来,流动在那里集合。"[1]欲望不会预先假定一个主体,只有当某人意识到不能再使用"我"的称呼时,欲望才能显现。欲望也不会单单趋向于一个客体,只有当某人意识到不再寻求掌握某一确定实在的客体时,欲望仍然能够出现。欲望丢失了主客体坐标,其实质完全是不确定的,从客体或主体中释放出来的粒子和流动在欲望这里汇合交叉。欲望组装成连贯性的平面,同时象征着无器官的身体,它所调动的力将人们带入前所未有的危险当中,这个组装的机器涉及一个集体,一整套社会体制的生成。德勒兹藉此分析资本主义在全球的展开,作为一股经济的力量,无限制地超越国家本身的解域化,超越人类被迫生存的区域而组装成自由交易的全球化社会。马克思当年在分析资本主义的时候预见到这"冲垮一切限制和契约"的抽象普遍性的时代一定会到来,而资本作为一种解码流动的公理,正在以新的形式组装成为当下政治和技术的形式的机器来奴役人类。

---

[1]　德勒兹:《哲学的客体》,陈永国、尹晶主编,北京大学出版社 2010 年版,第 198 页。

5.5　不付诸行动的潜能

　　乔吉奥·阿甘本无疑是近年来最具特色的意大利思想家。起初他受到海德格尔的存在主义的影响,后来主攻语言学、文献学、诗学以及中世纪文化的专题,不过最具特色的还是他的政治思想。通过对阿甘本的文本解读,我们可以发现他的思想基础主要来源于亚里士多德的《形而上学》。阿甘本将思想聚焦于"潜能"(potenza),认为这一概念自亚里士多德之后一直占据了西方哲学的核心位置。在《形而上学》一书中,亚里士多德为隐德莱希设置了二元化的对立:潜能与现实(dynamis 与 energeia)的对立统一过程。这种理性主义的视角分门别类地规划了存在的维度,一直影响到了自然科学和现代哲学。不过阿甘本是从更始源的生存视角来观察"潜能"的:"我认为潜能概念之于人类,特别是在一部分人的生活与历史中——这部分人已经将其潜能培养、发展到把力量强加于整个星球——不曾停止过它的功能。"[1]

　　人类的潜能的核心在于并非指向行动的非潜能。非潜能是潜能的一种形式,非潜能以非存在的形式存在着,非潜能并不意欲现实,它只是潜在着。阿甘本将这种非潜能形象地比附为黑暗(skotos),类似于光的缺失状态。光是透明的、确切可见的,喻指苏格拉底以来的古代形而上学,在太阳底下堂堂正正地生活。"毋宁说它是一种透明的形而上学,这是一种没有能力命名的光明与黑暗之本质"。[2] 黑暗不是一无所有,不是纯粹的虚无,而应该定义为光的过渡。黑暗的潜能奠基于真实的生命感觉,阿甘本援引泰米斯提乌斯的话:"如果感觉不同时具有现实的潜能和非现实的潜能,如果它仅仅是现实的,那么,它就不可能感知黑暗,它也不可能听到沉默。同样,如果思想不同时具备思想和无思想的能力,那么,它就永远不能认识无形式的、邪恶的、无形象的东西了。"[3]人类潜能的伟大就是这种黑暗的潜能,是所有关于存在的知识和行为的秘密的基础。人怀着潜能而进入双重生命,所有

---

[1]　阿甘本:《潜能》,王立秋、严和来等译,漓江出版社 2014 年版,第 291 页。
[2]　阿甘本:《潜能》,王立秋、严和来等译,漓江出版社 2014 年版,第 296 页。
[3]　阿甘本:《潜能》,王立秋、严和来等译,漓江出版社 2014 年版,第 298 页。

的后果都是可能的。所有的丧失都是可能的。其结果是,并非存在之物的根基摇摇欲坠,而是存在的确定性得以彰显。光明在黑暗之衬托下愈发显示出真实的一面。对于人的生命来说,非潜能意味着一种新维度。与其他生命相比,潜能只是在派给各种元素和逻辑。人之潜能在于既可以接受派给也可以不接受派给。人可以认识、也可以控制这种非存在性的丧失。

　　阿甘本从亚里士多德的《形而上学》中给非潜能寻找文本根据:"一种相对于潜能的丧失。"所有的潜能都是非潜能。非潜能并不意味着所有潜能的缺席,而只是不将潜能付诸行动。人可以行动又可以不行动。在此后的章节里,亚里士多德详细说道:"非潜能,是被赋予潜能的人,可以不在行动当中。拥有存在潜能的人同样也可以非存在。"按照传统哲学的观点,潜能是一种或然性,积极的能动性和消极的受动性融合为一体,生命完全存在于潜能当中。所有人的潜能与非潜能都有同样的起源。而阿甘本完全颠覆了这种观点,他认为现实是或然,潜能才是必然。"所谓偶然,我的意思不是某种非必然或非永恒的东西,而是这样的东西:它的反面在它发生的那个时刻也可能发生"。① 只有作为非潜能的潜能才是必然的,也是整全的,而潜能之中实现的可能性和不实现的可能性都是偶然的,都是可能发生的。也就是说,只有"真正的例外状态"才是整全,才是必然,而"虚构的例外"与"常规"都是一种偶然。

　　在《人的工作》一文中,阿甘本从亚里士多德关于 ergon(工作、活动)的讨论出发,比较了亚里士多德与但丁对人的特定工作的不同理解。希腊语中的 ergon,由于其与 energeia(实现)的密切联系,在亚里士多德的解释中,一开始就与活动的实现相关。工作所定义的乃是人的特定活动,在亚里士多德那里,这种人所特有的活动乃是人的理性的沉思。因此,亚里士多德将人的工作描述为理性的潜能的现实化。然而,由于受到基督教对天使和野兽思考的影响,但丁在重新思考人的活动时,不再将人的理性看作人的特定的活动,因为理性被天使所分享,相反,人的潜能或者说可能性成为人的特别之所在。而这种特定活动的特殊之处则在于,人可以不活动,也即人处于不实现其潜能的状态,这也就是安息日的含义。阿甘本接续了但丁对人的活动的思考,不再从人的活动的实现来思考政治,而是将人群作为政治的主体,思考为无活动和潜能的形象。

––––––––––

　　① 　阿甘本:《潜能》,王立秋、严和来等译,漓江出版社 2014 年版,第 298 页。

　　阿甘本强调,这种潜能并非自由,虽然两者在形式上非常相似。亚里士多德本人也没有因此提到意志自由的问题。自由这个概念,本来意味着在城邦政治中公民的身份问题,即自由关涉着政治问题,而并非中世纪和现代人理解的个体经验和主体性之类的东西。古希腊人没有把感觉、智力和意志思考为主体的能力,潜能更多的是对应于实际的活动。潜能更多的是某种能力的丧失,是以某种确证现实中缺乏的东西的在场之物的形式出现的。潜能经受着摧毁和异化,如果说其自身经受的消极性在于保存自身完美,那么积极性意味着增长。我们可以通过这两个方面去理解政治生活中可建构力量的保存,也可以如此这般去看待美学作品的创造。阿甘本超出亚里士多德,赋予潜能更多的解释。亚里士多德是从潜能来定义思想本质的:“在心智实际上已经变成全部的时候,就像博学的人在活动时据说在做的(而这时在他能够自行发挥功能的时候发生的)那样,甚至在那时,心智在某种意义上说也是潜能的。”阿甘本是从心智在不断超越其形式和其现实化的角度来思考潜能的,意味着他对生命本质的重新思考,潜能在不断丰富而不断超越自身中达到思想的巅峰。

5.6　强力心理学

　　心理学成为一门独立学科的标志,是 1879 年冯特在莱比锡大学建立了世界上第一个心理学实验室。从那时起,心理学从形而上学传统中分离出来,开始独立地研究思维规律。然而冯特认为,心理学仍然是形而上学的一个分支。虽然现代生理学的研究给了心理学很多启示,冯特早年也把自己的心理学研究称为“生理心理学”,但他始终认为心理过程不受生理过程的支配,心理学有独立的研究领域。这和巴甫洛夫将心理还原成高级神经活动的做法迥然不同。巴甫洛夫将人的心理活动变成了感官刺激意义上的“条件反射”,使人成为一种高级动物。冯特认为心理学研究的是直接经验,而直接经验的内容都以复合的形式产生,心理分析就是将这些经验分解为不可再分的、绝对简单的心理结构,即一般的心理元素。冯特指出,一切复杂的心理现象都是由心理元素结合而成的,“所谓的心理复合体是指我们的直接经验的每一种复合性的成分,这些成分按照其自身的特性区别于这种经验的其他内容。在这种意义上说,心理复合体被理解为相对独立的单元"。而心理元素包括了感觉和情感,感觉复合成为记忆、知觉和观念等,情感复合成为情绪。那么,心理元素怎么开始复合？冯特认为是通过联想和统觉这两种形式综合来达到的。联想是一种被动的、无关意志的心理过程,而统觉才是个人创造性地综合把握经验元素的过程,是意志自由指引下的主动过程。冯特的心理学分析证明了,心理活动的主要因素是意志的参与。而之前我们已经证明了意志的本质就是力量,也就是说,力量心理学的主要含义是力量作为主动积极的意志参与到心理复合体的综合过程。

　　布伦塔诺的心理学更注重意志的能动作用,完全排除了客观对象和内容在心理形成中的地位,心理学主要的研究对象是"意动"：表象的意动、判断的意动和爱憎的意动。这使得他的心理学研究方法从实验观察转向内部知觉和反省,因为这种方法不加杂质地直接研究纯粹的本体意识,所以影响了胡塞尔和以后一大批现象学家及存在主义者。弗洛伊德的精神分析心理学中,最主要的概念是"力比多","力比多"构成了心理上的潜意识,潜意识包括个人的原始冲动和各种本能,以及出生后和本能有关的欲望。"力比多"也是他的人格论和梦论的解释基础。人格的主宰就是性本能的潜意识,梦就是"力比多"被压抑后伪装成的满足。弗洛伊德用"力比多"来表达驱使人类寻求快感的动力,它是推动个体一切行为的原始驱动力,是人类与生俱来的一种性冲动。一开始这个概念只属于性本能的能量形式,后来弗洛伊德将其泛化为一种包罗一切爱或生命本能的力量。初步看来,这是一种彻头彻尾的力量心理学,一种性力量心理学。但我们所说的"力量",并不是一种庸俗化的部分身体力量,固然这种力量能解释人类的许多动物性心理,但是对于解释人类历史性的文化心理就十分牵强。

　　由于现代心理学是在科学技术的框架内构造的,它以一种平均化的知识手段将人类的心理限定在可计算和可观察的领域内,一种贫乏的表象领域,从而使人类被隔绝到一个与他们生存状态漠不相干的"真空"中。这种"真空"又从技术上支持了宗教的虚无主义。因此尼采批评整个现代心理学都是阻碍心理学,"一种出于恐惧的围城","乌合之众想以此来抵御强者"。[①] 他历数了六条现代心理学的重大罪状：

　　1)一切不快、一切不幸,都是因为不公(罪责)而被伪造出来的。

---

　　① 尼采：《权力意志》,孙周兴译,商务印书馆 2007 年版,第 489 页。

2）一切强大的快感都被打上有罪、诱惑、可疑的烙印。

3）虚弱感、最内在的怯懦、缺乏直面自身的勇气，都被带上了神圣化的名称，被当作最值得意愿的东西来传授。

4）人身上的一切伟大特征，都被曲解为非自身化了，被曲解为为了某个他者、他人而牺牲自己。

5）爱情被伪装成献身（以及利他主义），而实际上，爱情是一种额外取得（Hinzu-Nehmen），或者说是一种由于人格的充盈而作出的交付。

6）生命作为惩罚，幸福作为诱惑；激情是恶魔般的，对自身的信赖是邪恶的。

"阻碍心理学"抑制一切卓越、优秀的事物产生，它使人们的性格庸俗化、平面化，使人奴化为现代意义的人。突破这种"阻碍心理"，才能恢复人的真正的"力量心理"。力量心理学关注始源的生存状态中的基本现身情绪，所以是一种生存论的心理学，从行为方面来理解人的心理状态，因此从科学角度来说它又是行为主义心理学。尼采在《强力意志》中打算写一篇"强力心理学"，然而由于他的健康状况，最后在书中只留下了这个标题。因为情绪在生理结构中的始源性，用任何理性主义的逻辑论证都是不恰当的。本书试着沿尼采的思路展开描述，将情绪分为以下两个部分：

第一，日常生活中正面的、好的情绪其实都是防御性心理。因为好情绪总是力图维持既定状态。

快乐是一种伴随着强力之迸发的惬意感，是一种"强力感的刺激"[1]，它获得一种暂时性的极大满足，从而出现开放性姿态，企图永恒地和世界融为一体。从强有力的行动中和行动的预期结果中都能获得欢乐，因此尼采说："对快乐的预计，作为某个行动的可能后果的快乐，以及与一项活动本身相联系的快乐，作为一种被束缚和被积压的力量的释放。"[2]

喜欢是一种人愿意与他的对象进一步发生联系的情绪表达，它意愿着对象的力量和自身力量成为一个整体，以此来扩大自己的力量感。喜欢上升到"爱"时，这种强烈的情绪甚至抛弃了"主体意识"，只要达到独立一体的力量不断增长的目的即可。

尊敬是对外在的强力表达的仰慕之情，实际是对这种强力可能侵犯自

---

[1]　尼采：《权力意志》，孙周兴译，商务印书馆2007年版，第347页。
[2]　尼采：《权力意志》，孙周兴译，商务印书馆2007年版，第27页。

身的一种恐惧和防护,它适当地表达了对外在强力的顺从,好像强力已经征服完毕似的,以此来换得一个暂时稳定的环境使自身发展壮大。自尊是高级生命的自我防御措施,它将自身力量看成强力或即将成为强力,而无论自身状况如何。弱力比强力更需要自尊来维持表面的平衡,这就是常见的处于弱势地位的人自尊心更强的原因。

信任是一种盲目的情绪,它总是从日常的习惯和生活秩序中升腾起来,人们对某某人或事保持信任,实际是想延续他们熟悉的生活。信任强迫人们对毫不知情的力量保持依赖感,虽然很可能会因为这种力量不够强大而受到伤害。自信是一种特殊的信任样式,因为人对自身力量不够了解,所以选择了盲目依赖自身的方式来维持常态。

同情是人类的天性。人类的情绪总会不自觉地受到他者情绪的感染,尤其以负面情绪为甚。这是因为他者那个悲惨境遇可能会加到自己身上,人们害怕自己无力承担,这是一种"力量虚弱症",所以弱者富有同情心。而强者很少会产生同情,即使产生了也完全是另一回事:"同情乃是对攫取欲的刺激,最令人欣慰的刺激。"①

名望是一种集体意识,当某人的影响在众人的心中造成压力时,这种压力感就是名望留下的痕迹。名望出自实际行为,某人的力量实际上帮助或者刺激了众人的力量增长,那么才不算沽名钓誉。从集体心理上说,"众人对某人的感激之情达到恬不知耻的程度,某人也就有名望了"。②

胜利感是强力在征服弱力之后的满足感,倘若这种暂时的满足感迷惑了它自己,以为这就是最终状态,那么强力就会失去本质特征,不再提升了。所以尼采认为胜利是老去的一种标志。追求胜利感的动机莫过于对失败的恐惧,虚弱的力量是经不起失败的,胜利感使力量意识到自己可以经受考验。尼采说:"我现在已有足够的本钱了。"③

第二,日常生活中反面的、坏的情绪其实都是攻击性心理。因为坏情绪总是力图破坏既定状态。

羞愧是一种温和的负面情绪。它明智地、清醒地认识到了自己的力量状态,然后对这种不够强大的力量状态感到无所适从。所以这种情绪在女

---

①　尼采:《快乐的科学》,黄明嘉译,华东师范大学出版社 2007 年版,第 202 页。

②　尼采:《快乐的科学》,黄明嘉译,华东师范大学出版社 2007 年版,第 234 页。

③　尼采:《快乐的科学》,黄明嘉译,华东师范大学出版社 2007 年版,第 232 页。

人身上比较常见。羞愧经常是因为力量间的对比而产生的,相当强大的力量有时也会遇到更强大的对手。羞愧可能是激励力量增长的好方法之一,尼采说,人类无比强大的标志是:完全没有羞愧心理。

撒谎是许下一个诺言来使对方信任自己。尼采说:"当心!他一沉思,就立即准备好了一个诺言。"①撒谎者的动机是缓和双方之间的紧张气氛,一方面,他并不了解对方的力量状态,所以尽可能使诺言更美好。另一方面,他也不了解自己的力量状态,所以撒谎造成了虚弱意识。这种意识造成了他不敢面对现实,因而会阻碍自身力量的真正发展。

恐惧是出于能否掌握世界的不安心理。随着掌控力的增强,恐惧越深,因为它害怕丢失的东西就越多。而一无所有后,恐惧又是虚无随时要来临的前兆,这时的恐惧就上升为畏惧了。强者和弱者一样都遭受着恐惧,恐惧无论何时何种情况都存在着,只要有生存就有这种情绪。

猜忌是强力对于其他力量与自身的关系所作的否定性假设,弱力的怀疑还不能构成猜忌,因为猜忌伴随着强力的赏罚行为。换句话说,强力能够主动地去猜忌,并能运用自己的力量来证明这一假设是否成立。弱力的怀疑是被动的、无奈的,且最后只能引向悲观主义。

嫉妒是对其他占有优势地位的力量怀有的不安心理,它担心其他力量壮大后会来侵犯自己,也担心自己发展得不如其他力量强大,从而影响它的征服计划。嫉妒是力量之间竞争状态的最明确的标志。

排斥是力量发展中才具有的心理。弱者需要相互团结扶助以维持生存,强者可以通过占有来使异在的力量成为自己的部分。中等力量最具排斥性,因为它把排斥当成斗争的手段。这种手段就是:凡是自己的所有缺陷都无关紧要,凡是他者的所有优点都是暂时的假相。他者的所有罪过,只因为他不是自己。

追求出众就是时刻注意周围人的情绪的一种情绪,它的目的是爬到人类权力的顶端或显眼位置,尼采说:"追求出众就是追求控制他人。"②追求出众的冲动暴露出的是赤裸裸的力量控制欲。

忘却是大自然给人类馈赠的礼物,人们用这项天赋权利来抚平其他力量对他们造成的创伤。但对自身力量给其他力量造成的创伤是不会轻易忘

---

① 尼采:《快乐的科学》,黄明嘉译,华东师范大学出版社 2007 年版,第 230 页。

② 尼采:《朝霞》,田立年译,华东师范大学出版社 2007 年版,第 151 页。

却的,因为这是力量感带来的荣耀。尼采说:"我们于是用'忘却'这词掩盖我们的力量的这一缺口,好像又发现了一种新的力量。"①

残酷不但是追求毁灭的心理,而且要将毁灭的过程变得触目惊心。它在一种破坏力中看到了强力实施的身影,如果不能强有力地追求增长,那么就强有力地追求毁灭。虽然后者带来的快感极其短暂,但是毕竟以胜利者的姿态活了一回。

傲慢是强者已经认识到自身力量的卓越性而表现出的姿态,和狂妄不是一回事。狂妄是弱者企图掩饰自己的虚弱或者盲目认为自身就是强者的虚荣心。傲慢者以冷静的心态看待自身和周围人之间巨大的力量差异,甚至经常会让人误解为冷漠。尼采说:"希腊哲学家是伴随着一种隐秘的内心情感终其一生的:世间的奴隶比人们认为的要多得多,每个人都是,但只有哲学家不是。当他想到,世间最强有力的人物与他的奴隶群为伍,他的傲慢便无限膨胀。"②

贪婪是力量的本性,它根深蒂固地影响人的基本心理。如果说慷慨大方是它的反证,那么事实正好相反,慷慨大方是黑格尔所说的力量的分散过程,它的根本目的是要将这些力量最后都统摄到自身以完成本质。

烦恼是不请自来的干扰者。如果力量没有一个统一的目标——追求增长,那么就谈不上干扰。但是力量在追求这个目标的过程中总是与外物打交道的,这毕竟构成了基本生存状态,所以只要力量存在,就会有烦恼。

痛苦是一种内敛式的虚弱意志。强者可以遭遇伤害但不会遭遇痛苦,因为强者把这种伤害看成是自己力量扩张的阻力,反而激起了更强的斗争意识。只有弱者才把伤害当成自己应有的命运并看成生命的本质,默默地承受和消化。或者说,在伤害面前采取什么样的态度,是积极反抗还是消极忍耐,本身就是区分强者或弱者的标志。叔本华的"痛苦"和尼采的"快乐"成鲜明对比,它蕴涵着对人性的基本判断。

憎恨的对象不是伤害,而是受伤后被迫选择正义。力量本来有极善到极恶的选择范围,现在行动自由减少了一半。憎恨是一种将双方关系隔绝的过程,在长久的封闭中又带上尖锐性。

偷窥试图发现他者的秘密,刺探消息的过程是为了以后力量能更好地

---

① 尼采:《朝霞》,田立年译,华东师范大学出版社 2007 年版,第 169 页。

② 尼采:《快乐的科学》,黄明嘉译,华东师范大学出版社 2007 年版,第 93 页。

展开征服行动作准备的。然而在这种过程中以极小的代价进入他者的核心,快感可能比征服更强烈,这也是偷窥心理容易上瘾的原因。

邪恶是一种最具破坏性的心理,它把现存所有的力量秩序都看成是自身力量的否定,力图从否定的方面去瓦解现有秩序,削弱他者以使自己的力量突出。完全的邪恶只是习惯性地去破坏,与自身的发展无关,甚至阻碍自身发展也毫不在乎。邪恶对弱者是最大的恐惧,因为无力对抗,只好用道德去谴责它。而邪恶对强者来说简直是雕虫小技。尼采说:"毒剂可使弱者走向毁灭,但对于强者,它无异于增强剂。"①

愤怒是负面情绪中最激烈的形态,上述所有的负面情绪在得不到适当的宣泄后都会过渡到这一形式,它对现存状态严重不满,然而改变的意愿得不到自身力量有效的支持,或者是自身力量的暂时没落、不如往常够用。怒火往往是因为心中没有底气,所以塞涅卡说,老人、孩子和病人最容易发怒。

可以看出,攻击性心理比防御性心理要多得多,因为力量的攻击性远远大于它的防御性。这也是我们在生活中为何经常遇到负面情绪的原因。

5.7　基于力量维度的伦理原则

普通伦理学都一致试图寻找一个行为所能遵循的确定性原则。关于这个原则的效力,主要是通过主体与主体之间不断接触互动的关系来确定的。如果说效力来自于主体理性的自由决断,那么这是道德原则而不是伦理原则。

人与人之间的行为模式,无不遵循着可持续、可重复的法则来维持。假设人类有一种完美的抗力结构,那么击打就可以无限重复而纳入到常态当中。事实上,在一定的关系中,主体与主体之间的任何行为都会造成对方一定程度的损害。这已经先天地被规定在"关系"的本质之中了,关系就是对主体原初自由的侵犯。原始状态中的人类很可能因为争斗招致毁灭性的损害,而卢梭的《论人类不平等的起源与基础》证明了文明进程中的权力更具破坏性和杀伤力。那么,现在唯一能做的事情就是将损害程度降低到最小值。普通伦理即是人们出于自保心理而将那些可重复法则固定化为行为准

---

① 尼采:《快乐的科学》,黄明嘉译,华东师范大学出版社 2007 年版,第 94 页。

则的过程。伦理准则不仅包括这些最低层次的自保行为,而且包括高层次的好行为。伦理学将这些好行为的最高标准称为"善"。

在柏拉图那里,善就是善的"理念":"其自身只有一种形态,同样的形态,同样的状态永远保持。无论什么场合,无论从哪一点来说,无论怎么状况下都是不会变化的。"①善的理念是所有理念之根据,是理念的理念。柏拉图等于是将"善"本体化成世界的根据,而不单单是行为准则。亚里士多德对善的理解和他的老师大相径庭,他认为伦理学就是研究具体活动所追求的善,实践、制作和研究行为中都有各自的善,善带有经验性的成分。但无论怎么说,"善"的概念都带有理想性质的评判,伦理学关注问题的现实性决定了它需要更切实的标准。这个标准就是正义。

在古希腊,正义常常被看成德性之首,是一切德性的概括。"不过不是总体的德性本身,而是对于另一个人的关系上的总体的德性。"②也就是说,正义就是人与人之间的关系中的衡平状态。亚里士多德称它为守法的和平等的,守法指的是按照一定规则互不侵犯,平等指的是人人根据能力占有的相等比例的东西。正义就是要维持这种状态而产生的,亚里士多德根据调节方式分为两种不同的正义:分配的正义和矫正的正义。分配的正义是指平等、适度地分配东西,以维持人与人之间关系的静态平衡,而矫正的正义是指在前一种正义被破坏的前提下通过一定的手段来恢复平衡关系。后者是前者的保障,两种正义共同维护的是既定衡平状态的稳定。后来罗尔斯阐述了两个正义原则,也都是这个意思:

第一正义原则就是每个人对与所有人所拥有的最广泛平等的基本自由体系相容的类似自由体系都应有一种平等的权利。

第二个正义原则:社会的和经济的不平等应这样安排,使它们:(1)在与正义的储存原则一致的情况下,适合于最少受惠者的最大利益,(2)依系于在机会公平平等的条件下职务和地位向所有人开放。③

罗尔斯用复杂的现代术语表达了亚里士多德的两种正义。但是亚里士多德与他略有不同,亚氏的平等指的是按照能力的大小以适当比例分配,其正义观隐含着对强者地位的认可。而罗尔斯的平等是指在现代民主条件下

①　《柏拉图全集》(第二卷),王晓朝译,人民出版社 2003 年版,第 78 页。
②　亚里士多德:《尼各马可伦理学》,廖申白译注,商务印书馆 2003 年版,第 130 页。
③　罗尔斯:《正义论》,何怀宏等译,中国社会科学出版社 1988 年版,第 60—61 页。

个人地位的完全平等,可是每个人的天赋都有差别,强者与弱者不在同一起跑线,罗尔斯认为只要把强者的优秀禀赋看成是社会资源就可以了。也就是说,罗尔斯将所有人的本质力量看成是社会共有的,然而社会就可以心安理得地进行"平均化"分配。这样,他认为自己好像用了精细的分配技术,比亚里士多德更好地实现了正义,其实这种正义是现代资本主义条件下对人的平均化改造,它在"民主、自由、平等"的口号下重新恢复了那种"庸人社会",用尼采的话说是一种"畜群道德"。这种正义观把追求卓越和优秀的行为看成是不道德的,把碌碌无为和自私自利看成是生活常态,实际上是对传统伦理学的一种颠覆。它对人类力量追求优越性、实现内在提升的本能的压抑,其实是亚里士多德的正义观的倒退。此后,罗尔斯从 1985 年开始,连续发表多篇文章集中辩护他的"权利优先于善"的观点,新保守主义对此反讽道:唯有没有德性的人才大谈德性。因为新保守主义者从来不需要辩护自己有没有德性。施特劳斯在《自然权利与历史》中提到,现代性的"三次浪潮"的结果是庸常习俗主义,以及他对古典等级秩序的向往,都是对现代性的反思和恢复自然权利的努力。① 本书认为,现代性就是打着"保护弱者"的旗号对强者的压制,是对人类本能的压制,它将人类驯化为一种圈养动物。现代正义观还要将其看成是符合伦理规范的措施。施特劳斯要求恢复的自然权利正是坚持强者和弱者各自都能获得与自身能力相称的地位,并且赋予力量追求优越性提升行为的正当性。

　　我们试图构造一种关于"力量"的伦理学,目标是恢复力量与德性的始源关系。古希腊社会的民主政治和奴隶制并行不悖,只有公民才有德性,而奴隶时刻处在生存的危机中,基本不可能产生高尚的情操。正像尼采所理解的:"一个时刻,人有充裕的力量为自己效劳的时刻,于是人就能获得闲情逸致:造就自身,成为某种新的更高级的东西。于是就有大量德性活了下来,它们现在成了生存条件。"② 人只有具备了一定的力量才能发展出德性,而德性又是作为一种新的力量成为人的生存条件的。就是说,德性的本质是力量。最低等级的德性是自我保存,最高等级的德性就是追求卓越。尼采的《权力意志》的副标题就是"重估一切价值的尝试",重估以往的一切价值就是要建立新的价值。力量伦理学的价值原则超越一般的善恶评判,尼

---

① 参阅施特劳斯:《自然权利与历史》,彭刚译,生活·读书·新知三联书店 2006 年版。
② 尼采:《权力意志》,孙周兴译,商务印书馆 2007 年版,第 242 页。

采认为善恶都是我们的"力量意识"而已："人们通过行善和施恶而在别人的身上施加自己的力量,目的仅此而已。"①施恶就是让对方感觉到我们的力量,让对方痛苦。而行善的对象往往是那些力量比较弱小且依附于我们的人(尼采认为依附是指这些人习惯于把我们当成幸福的源泉),增强他们的力量就是增强我们自己的力量。尼采认为:"德性来自追求和自我保存。我们所做的,是为了保存和增扩我们的强力。我理解的德性和强力是同一个东西。"②保存和增扩的行为即是力量的本质,现在也成为德性的本质。因为对这种本质的追求,力量才得以成为强力,因为对心灵高尚的追求,一般品质才得以成为德性。

古希腊人将力量看成是一种激情,但并不是将其贬低为盲目的冲动。力量与理性一样,都是实现德性的必要条件。塞涅卡说:"如果理性离开了激情就没有力量,那么它就不再有力量,于是就会落到与激情同一层次上,直至与它一样。因为,激情无理性则无指导,理性无激情则无效率。"③我们在第二章第一节论述过,意志进入力量的本质还需通过一种媒介,这种媒介就是愤怒,愤怒作为激情的力量显然在追求德性方面不可或缺。"亚里士多德是为愤怒辩护的,禁止我们把它切除出去;他声称,愤怒是对美德的一种刺激物,如果心灵被剥夺了愤怒,它就会变得毫无防备,行动迟缓,并且对高尚的努力漠不关心。"④其实,因愤怒的激情爆发出来的直接美德就是勇气,在柏拉图的道德学说里与智慧、节制和正义并称为四大美德。力量伦理学提倡的道德就是勇气,勇气既是我们的天性,又是我们得以继续拓展生存环境的必要条件。最大的道德不是自我保存,而是敢于斗争的勇气。在力量的知识化趋势越来越明显的今天,我们越有知识,也就越丧失勇气。我们在既有的条件下变得瞻前顾后、患得患失,没有勇气去展开新思维和新生活,因而也就丧失了对生存的本真理解。现代伦理学越是能够精确地规范人与人之间的现成关系,就越是成为一种异化的规范强加于人而成为最大的不道德。

伦理原则不仅应该能够指导主体之间的现存关系,而且能够指导新出

---

① 尼采:《快乐的科学》,黄明嘉译,华东师范大学出版社 2007 年版,第 87 页。

② 尼采:《权力意志》,孙周兴译,商务印书馆 2007 年版,第 301 页。

③ 塞涅卡:《强者的温柔》,包利民等译,中国社会科学出版社 2005 年版,第 13 页。

④ 塞涅卡:《强者的温柔》,包利民等译,中国社会科学出版社 2005 年版,第 62 页。

现的、进化发展出的新关系。力量的追求本质提升的过程就是突破现有关系、突破常规的过程,在这种增扩行为之前,力量并不知道它的行为能够带来什么样的后果,因而无法认识新产生的力量的道德性,所以最基本的伦理原则就应该包括对新生事物的批判,一种进步的伦理观。力量的本性就在于保持提升,保持对优越性的追求,所以应当遵循的最基本的道德就是提升和超越,普通伦理学中的自保和共处的道德原则都是对现存关系的形式化肯定,它势必会抑制新事物的产生,同时也把伦理原则静止为永恒不变的关系准则。例如康德的形式伦理学,主要是两方面的形式化:理论理性的先天认识和实践理性的自由意志,而这两方面对经验现象和意志的动机都具有立法作用。① 也就是说,康德将道德的主观准则和客观准则都上升为形式化的程度,以便普遍有效。事情被颠倒过来了:伦理学不是根据伦理行为发展起来的,而是在思辨的伦理学考察过的地方才产生了伦理行为。康德的道义模态判断:我应当去做的事情必然包含于我可以去做的事情。伦理原则就被包含于现成的、我们能力所能及的范围之内。而如此这般的结果是伦理原则不再能够解释进步发展,不关涉对新事物的价值判断。

既然形式伦理学对我们并无益处,那么马克思主义对道德教条的批判就显得十分必要了。"我们拒绝想把任何道德教条当作永恒、终极的、从此不变的伦理规律强加给我们的一切无理要求,……相反,我们断定,一切以往的道德论归根结底都是当时的社会经济状况的产物。②"马克思不是单纯从道德的角度去判断社会,也不是如何要为社会提供一个理想的观念。事实上马克思认为,伦理观念和道德理想本身应被视为社会历史现象,视为某种意识形态,视为特定社会条件下的产物和反映。伦理原则不可能构成普遍的或超历史的有效性的绝对标准。伍德认为:"对马克思来说,经济交易或经济制度的公正与是否要依其与占统治地位的生产方式的关系而定"③。也就是说,马克思用一种历史方法将伦理奠基于生产力量的发展而形成的关系当中,伦理总是特定的历史环境的产物,即特定社会群体和阶级成员们需要、欲望、利益和愿望的表现。它是一种发展进步的伦理观,是一种依赖

---

① 参阅康德:《实践理性批判》,邓晓芒译,杨祖陶校,人民出版社 2003 年版。

② 《马克思恩格斯选集》(第三卷),人民出版社 1995 年版,第 435 页。

③ Wood,A. W. (1980b)'Marx on Right and Justice:A reply to Husami',in M. Cohen,T. Nagel and T. Scanlon(eds),*Marx*,*Justice and History*,Princeton:Princeton University Press,p. 106.

于力量发展的相对主义伦理。但是马克思的伦理思想也有一些矛盾之处，比如他抨击资本主义的罪恶，"从出生起每一个毛孔都流着肮脏的血"；资本家的财富建立在"盗窃他人的劳动时间"①。很显然，马克思已经从自然主义的直觉上预设了资本主义的不公正性，因而对资本主义的不道德展开了有前提的论证。如果从原先他评价共产主义道德观用的相对主义方法来看，同样，资本主义在道德上也是中立的。也就是说，不通过一种普遍的和超历史的道德标准，马克思很难评判资本主义的不公正性。

　　马克思在伦理上的双重标准(对资本主义的绝对标准和对共产主义的相对标准)的原因是他和古希腊的思想家一样，忧心弱者得不到同情而被强者所压制，丧失生存空间，所以强调一个合乎比例的公正。他明确说明共产主义不是平均主义，在未来的自由王国中人人都可以自由地发挥出自己的才能。事实上，他是将资本力量作为一个"新兴的强者"来看待的，整个资本主义批判就是要维护人类力量这个相对弱者的利益。资本力量其实是一种人类异化力量的集合体，而不是优越性的力量所在。因此资本力量只是一个"伪强者"，真正的强者并不会去压抑和排斥弱者，它只是将弱者纳入自己的一部分，弱的力量在这种被纳入的过程中感受到一种优越性的提升，感受到恢复了力量的本质，因而这是一种双向的合乎正当性的行为。在这过程中越强的力量需要担负越重的责任，强者需要更多的伦理义务来证实自己的存在，这也是力量伦理学的应有之义。生产的力量在突破旧有力量的阻碍时，或是民族的力量在解放自身的伟大运动中，都存在着强烈的崇高的道德使命感。

5.8　力量美学

　　"力与美的结合"是日常中耳熟能详的说法，一般认为美可以描述对象的形式，而力可以描述对象的内容。将这两个不同规定连接起来是否有意义？会不会造成各自的特征模糊化？力量美学能否成立，首先要看美的定义。美学的基础不在于描述经验性的"什么是美"的问题，而在于如何规定"美是什么"这个形而上学的本质命题。虽然美的本质极难被概括，黑格尔

---

① 《马克思恩格斯全集》(第 31 卷)，人民出版社 1998 年版，第 101 页。

说:"乍看起来,美好像是一个很简单的观念,但是不久我们就会发现:美可以有很多方面,这个人抓住的是这一方面,那个人抓住的是那一方面;纵然都是从一个观点去看,究竟哪一方面是本质的,也还是一个引起争论的问题。"①然而美学必须在此问题上展开无尽的探索。如果美的本质沦为随心所欲的庸常意见,那么就根本不存在任何关于美的学说。

如果我们对美根本没有确定的认识,那么苏格拉底就不用枉费心思去教人追寻美德,因为无法定义什么形式的德行是美的。他的弟子柏拉图意识到了这个困境,所以给美作了形而上学的规定:美的本质就是美的"理念"。真实世界只是对理念世界的模仿,事物之所以是美的,是因为它们分有了"美"的型相。亚里士多德另辟蹊径,将美归结为感性事物的属性:美就是完善的秩序、匀称的形式和明确的比例。而到了新柏拉图主义者普罗提诺那里,美是那个绝对的"太一"的流溢。黑格尔的"绝对精神"是世界的本质,所以美作为世界的一部分也是"绝对精神"的显现,他把美称为"理念的感性显现"②。康德认为审美判断是理解力和想象力的综合,联系主体去寻求快感和不快感,它是与情感相联系的,所以也叫鉴赏力判断。他根据《纯粹理性批判》中关于理解力的四组范畴:质、量、关系和模态四个方面对美进行分析。从质的方面看,审美判断就是无利害感;从量的方面看,审美判断就是没有概念的普遍性;从关系方面看,审美判断就是没有目的的合目的性;从模态方面看,审美判断就是没有概念的必然性。因此,康德认为美只是对象在形式上对我们心里引起快与不快的感情。

无论美的本质是什么,但是美能够引起人的愉悦感这一点在主观上是可以肯定的,这并不是说我们要建立一种主观主义美学体系,而对美的本质的探索总要在某个我们自身可以确定的基点上才可以进行。美的基本特征就是能引起人的愉悦感。能引起愉悦感的对象主要可以分为两类:静态美和动态美。静态美也可以叫优美、阴柔之美。动态美也可以叫崇高、阳刚之美。它的标准主要是根据力量对象的不同形态所作的区分,因而这是力量美学的区分标准。

静态美指的是对象的力量处于一种相对稳定的平衡状态所带给人的愉悦感。这往往是柔和、轻松和心旷神怡的审美感受。静态美按力量的来源

① 黑格尔:《美学》(第一卷),朱光潜译,商务印书馆1996年版,第21页。
② 黑格尔:《美学》(第一卷),朱光潜译,商务印书馆1996年版,第142页。

又可以分为两类:自在的优美和自为的优美。自在的优美主要是由自然力引发的,例如我们一般常见的静态自然景观。人体的线条严格来说也是自然赋予的,所以人体美也属于自在的优美。自为的优美主要是人类力量的凝结体,主要是通过劳动创造的。马克思说:"劳动创造了美。"①只有在这个意义上,这句话才是正确的。值得一提的是,劳动即人类力量对象化的过程是双向的,一方面它创造了美的对象,另一方面它培养了审美的感官。如马克思在手稿中提到的:"只是由于人的本质客观地展开的丰富性,主体的、人的感性的丰富性,如有音乐感的耳朵、能感受形式美的眼睛,总之,那些能成为人的享受的感觉,即确证自己是人的本质力量的感觉,才一部分发展起来,一部分产生出来。"②从而使得优美引发的愉悦感有了历史性的变化。

动态美指的是对象的力量处于一种奔放不羁的喷涌状态所带给人的震撼。这种震撼给人以强烈的精神激荡和心潮澎湃的审美感受,这种愉悦感是内在的不能自抑的欢畅感,是灵魂的升华和自我的泯灭。在崇高中,人们不自觉地将自己和崇高的对象融为一体,并自愿服从和归顺那种巨大的压倒性的强劲气势。车尔尼雪夫斯基认为:"一件东西在量上大大超过我们拿来和它相比的东西,那便是崇高的东西;一种现象较之我们拿来和它相比的其他现象都强有力的多,那便是崇高的现象。"③康德将崇高分为两类:数学的崇高和力学的崇高。数学的崇高指的是量的、体积庞大的对象带来的审美感受。而力学的崇高,康德说:"强力是一种胜过很大障碍的能力。这同一个强力,当它也胜过那本身具有强力的东西的抵抗时,就叫强制力。自然界当它在审美判断中被看作强力,而对我们没有强制力时,就是力学的崇高。"④实际上,康德所作的两种崇高都是力学意义上的,因为自然物的体积或量究其本质也是自然力量的积累,只不过这种静态的积累的力量引发了动态美感,即自然力刺激了审美者的力量激荡,从而产生崇高。后者是自然力本来就处于激荡状态,审美者从中获得了这种动态美的体验。动态美按力量的来源也可以分为两类:自在的崇高和自为的崇高。自在的崇高主要是自然力引发的感受。康德说:"诸如此类,都使我们与之对抗的能力和它

①　《马克思恩格斯全集》(第 42 卷),人民出版社 1979 年版,第 93 页。
②　马克思:《1844 年经济学哲学手稿》,中央编译局编译,人民出版社 2002 年版,第 87 页。
③　《车尔尼雪夫斯基文学论文选》(上卷),辛未艾译,上海译文出版社 1998 年版,第 13 页。
④　康德:《判断力批判》,邓晓芒译,人民出版社 2002 年版,第 99 页。

们的强力相比较时成了毫无意义的渺小。……这些景象越是可怕,就只会越是吸引人。……因为它们把心灵的力量提高到超出其日常的中庸,并让我们心中一种完全不同性质的抵抗能力显露出来,它使我们有勇气能与自然界的这种表面的万能相较量。"①康德在这里将自为的崇高感的原因归结为理性能够认识自然力,所以无所畏惧。这显然是他的启蒙理性在作怪,而自然真正能表现它的崇高,根本原因是人类的力量已经战胜了这种自然力。自为的崇高主要指的是人类力量抵抗巨大的强制力时所迸发的强劲气势,产生强制力的对象可以是自然力也可以是人类力量本身,即旧的、阻碍进步的统治力。生产的力量渴望突破阻碍得到进一步发展,或是民族主义力量反抗外来压迫得到独立的自由。人类力量在反抗旧力量时所唤醒的斗争本能、无所畏惧的勇气和集体主义意识都加深了这种崇高的审美体验,因而这是真正意义上的力量美学。

力量美学通过崇高感将强力的心理优势和伦理道德的力量融合为一体。李泽厚认为:"即巨大的自然对象,通过想象力唤起人的伦理道德的精神力量与之抗争,后者在心理上压倒前者、战胜前者而引起了愉快,这种愉快是对人自己的伦理道德的力量、尊严的胜利的喜悦和愉快,这就是崇高感。"②力量美学是一种形而上学的崇高体验,它表达了一种人类对自身渺小和有限生存环境的厌恶和蔑视,以及由此引发的超越感。"崇高一般是一种表达无限的企图,而在现象领域里又找不到恰好能表达无限的对象"。力量美学能够坚定人的意志和毅力,唤起强力斗争的勇气,越过种种卑劣、懦弱和平庸,向着本质的优越性迸发。

下面我们来探讨力量美学的一个变体——暴力美学,完全暴力是一种极端形态的力量,一种在力与力的碰撞中求毁灭的力量,不是毁灭对象,就是毁灭自己。在这种毁灭中暴力实现了它施予对象的"控制力",藉此来获得一种强烈的快感。这种快感和审美体验中的愉悦感十分相似,再通过一些人为的气氛营造,暴力美学就产生了。暴力和美学连在一起成为新词只是近几年才发生的事情,最初出现在 20 世纪 90 年代香港的报刊影评中。暴力美学是对电影中一些暴力场面设计的形式感,并将这种形式美感发挥到美丽眩目的程度。它的特征是将价值选择和道德判断还给欣赏者,仅仅

---

① 康德:《判断力批判》,邓晓芒译,人民出版社 2002 年版,第 100 页。
② 李泽厚:《批判哲学的批判》,生活·读书·新知三联书店 2007 年版,第 372 页。

展现暴力过程的唯美性或残酷的荒诞意象,这种漠然的中立性态度给了欣赏者以极大的自由体验,甚至这本身造就了摆脱压抑生活状态后的愉悦感,从而加深了审美感受。

任何一种美学形式的出现和发展都能在我们的内心深处找到根据,因为它本来就是用来展现或者取悦我们的心灵。暴力美学的出现不是偶然的,它必然寓居于人类的天性。具体说来,可以有以下几种原因:(1)尚武精神和对强健身体的追求。人类追求力量的天性不仅仅在于个体生存和种族延续,更多的是对生命意义的探索。(2)对于身体动作的潜意识认可。生命总是对运动的方面感兴趣,人们对强力动作所带来的快感本能的迷恋。(3)一种无意识的毁灭冲动,一种阴暗的杀戮心理和对自身的恐惧交织在一起,需要得到一定程度的宣泄。(4)对有限身体的不满和对死亡——绝对虚无感的超越。(5)科技时代产生的新需求,表现为对各种新式的杀人武器的迷恋,对一种知识化并逐步积累的力量的崇拜。(6)资本力量长期统治下的社会人的主体地位完全丧失,这种异化状态造成了人们心理压抑过深,希望通过一种极端的形式发泄出来。暴力美学的存在也有一定的外部原因,能够自由的展现暴力的美学因素,这一行为本身需要得到暴力的支持,也就是说,暴力允许人们去展现它的优美。这与外部强大的国家暴力作为自由保障是密切相关的,人们越是意识到自己在暴力下的安全,就越是能把暴力美学发挥得淋漓尽致。

以声音、影像和各种科技手段逼真地营造暴力形态,这表明暴力美学还处于发展的早期,它还不能直指暴力的核心。用索绪尔的术语来说,它还不能用代码意指来重现暴力整体。虽然以往的暴力叙事已经暗示着这种倾向,如岳飞的“壮志饥餐胡虏肉,笑谈渴饮匈奴血”,在民族主义的豪壮气势下掩藏着人性的嗜血本能。又如鲁迅的小说《药》,那个沾满革命者鲜血的馒头指喻着漠然、自私而又凶残的庸人意识。然而自觉地用语言符号来勾勒暴力美学的帷幕设计还为时尚早,也许有一天暴力美学能够找到成熟的叙事结构来展现自身。

真正的暴力美学甚至在沉默的黑暗中、在即将来临的漫长等待中、在近乎绝望的恐惧中都能华丽登场。暴力美学展现的不是部分暴力、有限暴力所带给我们的感官刺激,一枚针刺入我们的皮肤的暴力过程决不能出现美感。只有无限的暴力全体带来的压倒性的恐怖才能征服我们的心灵,这种与崇高感类似的压迫激发的不是斗争意识,而是在完全放弃抵抗后的轻松感。当暴力完全征服人的生命力极限，即将把人推入死亡的深渊时，轻松感也就升华到完全的解脱感。当生命的重负被卸下时，利害关系、概念、目的或必然性都成了虚无缥缈的云烟，最大程度的解脱带来最强烈的美学体验，甚至连来自生命的悲痛都被涂抹上一层绚丽的光辉。因为只有死亡才是有限个体通往无限性的唯一途径，死亡过程越是迅速、越是决然，它与绝对美的距离就越近。

在传统形而上学被颠覆和式微的时代，力量形而上学依托于非理性主义、意志主义和生命哲学的发展而得到传承；在马克思的终结形而上学的口号下，力量形而上学展现为对生存状态的创造力分析。到了现代哲学和后现代哲学，这个维度的展开更加丰富、立体和多元化，它的内在是思的无蔽之状态和对生命脉动的把握。后现代主义的哲学分析更加注重我们的感性身体，更加注重直观的生命体验，更加警惕语词概念、宏大叙事对自由的宰制。这些号称反逻辑的碎片化思想在暗流涌动，构成现代社会的绚丽多姿的思想画卷。此外，马克思的创造性生存理论的现实发展，特别是对批判的资本力量的现实发展，构成了本书需要陈述的另一条主线。

第 6 章　资本力量的发展史

　　西方两千多年的形而上学史一直是理念主义的扩张史。力量被逐出自己的领地然后不断边缘化的过程并没有引起任何的警惕,人们反而因此洋洋自得地认为是文明的进步。若不是这种畸形的发展到了极致演变为虚无主义,虚无主义使得无法忍受自己的生存成为常态,人们就很难从历史的迷梦中苏醒。虚无化的严峻状态迫使人们严肃地对待以往的形而上学,在这种对以往持普遍怀疑的思想环境中,尼采展开了他的攻击并将力量重新拉进人们的视域中,他以颠倒的方式重新恢复了力量的本体地位。

　　马克思的工作则更彻底地恢复了人之本质力量的权威性。本质力量经过劳动这种形式对象化到自然,以物的形式直接生产了产品,同时也使自然变成了属人的自然——工业社会。另一方面,人作为生产力量的提供者得到规定。如果历史就是生产力量→产品→重新占有的循环重复,力量发展问题就会十分简单。马克思详细论证了简单的自然经济之不可能性,因为私有制和分工的资本主义模式必然会使生产扩大,也就是说,生产力量不再受人掌控,而是按照资本逻辑去扩大自身。资本作为独立的旧有力量去胁迫新的生产力量按照自己意志去发展壮大,然后又把新的生产力量作为自己的一部分吸纳到资本中来,进一步扩大自己的胁迫能力后,从而使更多的生产力量服从自己的意志。这等于是压榨人们支配自己的力量的空间,人们越来越感觉自己的力量不属于自己所有,越来越感受到主体性的消失,越来越被资本的意志所奴化了。这就是异化的全部。异化是一种关系颠倒:主体成了客体,客体成了主体。原先被人掌控的力量现在控制了人。马克思把异化的原因归结为历史的客观因素(分工和私有制):"受分工制约的不同个人的共同活动产生了一种社会力量,即扩大了的生产力。因为共同活动本身不是自愿地而是自然形成的,所以这种社会力量在这些人看来就不是他们自身的联合力量,而是某种异己的、在他们之外的强制力量。"①乐观

---

① 《马克思恩格斯选集》(第一卷),人民出版社 1995 年版,第 85—86 页。

的预计是,只要当这些因素全部消失的时候,异化现象也就消失了。其实,恶魔往往居住在自己的天性中,我们在力量层面看到的是更严酷的本质。力量的本性就是要追求强大,追求强大的方式就是要从人身中独立出来并力图控制一切。异化现象只是力量本性实现过程中的一部分,力量从来不会把任何束缚(包括人的身体和意志)放在眼里。

尼采的颠倒犹如打开潘多拉的魔盒,力量被释放出来后显得毫无节制,且由于被理智主义压抑太久的缘故,肆虐地施展报复,异化后的力量朝着更加复杂多变的方向发展。首先,资本力量使得社会形态变得异常的不稳定,生产与生活的不稳定状态使得人们产生了谋求统一解决的渴望,民族国家以强有力的保障者面目登上历史舞台,极端的意识形态迎合人们的安全需求,力量在争夺对人类和资源的控制权的时候不惜上升到最高形态——暴力(战争)来解决问题。其次,资本力量在追求自己纯粹数量上的增长时并不注重自己的质的提升,即实际控制力的大小,往往在人类盲目的主动依附中误以为已经实现了控制,并把这种控制力虚假地添加到已拥有的控制力总体中,其结果是力量不断地虚无化。最后,资本力量的肆虐打破了以往人类社会的各种框架和规则,虽然这些框架和规则就本质来说也是力量,但却是作为不同质的力量存在的。资本力量是人类力量发展史上的一个极端,极端的异化力量把所有不同质的力量都收归己有。这就是资本主义社会高度通约性的原因。

作为资本形式的力量会不会发展成其他的形式?力量无限制的增长会不会一直保持下去?还是在某一临界点因为承受不住自己的重力而坍塌?还是会处于封闭式的膨胀—收缩的永劫轮回中?我们试图从力量的发展轨迹中对未来趋势先行地有所领悟。

6.1　集体主义抗争——政治与资本的博弈

力量的当代发展史主要是资本主义的发展史。异化后的资本力量与原先的社会力量在触碰中不断制造着摩擦,社会力量在积极的或消极的应付中不断产生新的形态,这两种力量都在碰撞中曲折地发展。因为资本不断要求增殖自身的运动打破了原先社会中简单再生产的自然经济的相对稳定状态,虽然这种状态下人们也受到各种自然力和意外灾难的袭扰,但总体来说他们能按照自己的意愿支配自己的力量并且占有自己生产的劳动成果。由于等级制和私有制的原因,其中出现了或多或少的分配上的不平等,从中受益的少数人会利用各种伦理和宗教学说来解释原因、安抚其他人,以达到社会全体成员对现有社会制度理想的满意程度。这种状态下也会因为某些对社会不满造成了革命或战争,但这些破坏力都不会伤到社会制度的要害,相反,适当的革命或战争有利于保持社会机体的新陈代谢,是黑格尔所说的市民社会矛盾的总解决,每一次动荡以后自然经济会趋于更稳定状态。资本力量造就的不稳定状态是资本力量本质的不稳定性决定的,这种不稳定性完全动摇了原先社会制度的根基。因为人不再作为主体能够自由支配他们的力量,反而被他们自身独立出来的力量所控制。"前一种情况下,各个人受自然界的支配,后一种情况下,他们受劳动产品的支配……表现为劳动的统治,特别是积累起来的劳动即资本的统治"。[①] 社会生活发生的剧变,超出了人们习以为常的想象。英国资本主义积累初期的圈地运动使成千上万的农民离开赖以生存的土地,城市化进程不断压榨着乡村的生存空间,人们从闲散的生活状态一下子被投入到一天 16 小时的紧张工作状态,甚至连童年的欢乐都被剥夺了——童工。资本主义环境下的任何变革或战争都是不稳定性的加剧,因为从这些改变中根本无法预计一个明确的未来。因为现在统治世界的主体是资本力量,它总是按自己的逻辑行动,并不能照顾到人类的利益。被一个原是自己的附属物所统治,作为原先世界主体的人类感到的压迫性就越强,其反抗的形式就越激烈。

尼采的学说揭示了强力的本质及在世界的统治地位,但他只是在笼统的意义上讨论强力。在马克思的理论中,将统治世界的强力明确为资本力量,是由资本力量与人类的本质力量的亲缘关系决定的。资本力量作为异化的、类的、一致性的力量,以力量全体的面目来统治世界。所以,唯一的可能性就是将每个人联合起来,以集体主义的形式去对抗压迫,民族国家应运而生。即便是国家的概念也是在资本主义环境下得到明确的,在希腊人那里,国家是城邦的那道围墙,也是合乎人的政治本性的有机体,更是符合"善"的理念的伦理共同体。马基雅维利将国家看成纯粹的权力组织。[②] 卢梭认为:国家是一种"公意"的体现,一种全体公民让渡的部分权力组合成的

---

① 　《马克思恩格斯选集》(第一卷),人民出版社 1995 年版,第 235 页。

② 　参阅马基雅维利:《君主论》,吕健中译,中华书局 2014 年版。

契约产物。康德认为:"国家是许多人依据法律组织起来的联合体。"①而到了黑格尔,国家已经成了普遍客观的现实存在。它"贯穿于一切特殊性之中,并包括一切特殊性于其中的东西"。"国家是现实的,它的现实性在于,整体的利益是在特殊目的中成为实在的。现实性始终是普遍性与特殊性的统一"。② 黑格尔将国家看成是超越社会一切特殊物的存在,也就是说,在国家范围的资本力量也应该服从其统治权力。显然,国家是人们在资本力量扩张中的自我保护措施,因为在这种扩张中,市民社会中任何有限的零乱的规则都无法对资本扩张进行限制,只能转向请求社会共同体——国家的力量。我们知道,资本力量在诞生后为了自己的扩张、解除障碍,就不断地侵蚀国家力量,最终使国家成为自身增长的一种工具。但至少在国家概念明确的初期,人们有意识地将国家当成控制资本力量合理成长的手段。

民族国家是在资本主义环境下的一种国家形式,"是驾乎阶级社会之上而统治这个社会的政治体制"。③ 它的主要特点是其中生活着首次在历史上不渴求任何政治统治权而能掌握经济优势的阶级,即资产阶级在民族国家之内与民族国家并行发展。甚至在资产阶级成为统治阶级后,它仍然将决策权拱手让给国家。资产阶级这样做有双重目的:一是放手让民族国家去拓展资本主义经济的架构,其中产生的种种恶行就全部记在民族国家的账上。二是如果民族国家无法按照自己的意志去进行扩张,那么资产阶级就会跳到幕前来取缔民族国家的权力。可惜民族国家并不是想象的那么软弱可欺,作为地域性的文化和心理共同体,民族国家在攫取了权力后试图按照自己的逻辑去发展人类集体力量,同时攻击资产阶级贪求无厌、冷酷残暴的行径,来激起民众对资本力量的厌恶感。我们根据"力量"主义的线索不难看出,这是两种"力量"之间的博弈:一种异化的独立力量试图利用民族国家的暴力工具来达到扩张目标,而民族国家利用机会集中人类力量去反对异化力量的壮大。在以往的历史中,这两种情况都没能完美地成功,而是在不断此消彼长的摩擦中,两种力量都得到了迂回曲折的发展。

民族国家从两个方面影响了资本力量的扩张:生产能力和大规模生产

---

① 康德:《法的形而上学原理》,沈叔平、林荣远译,商务印书馆 1991 年版,第 139 页。

② 黑格尔:《法哲学原理》,范扬、张企泰译,商务印书馆 1961 年版,第 89 页。

③ 阿伦特:《极权主义的起源》第二版,林骧华译,生活·读书·新知三联书店 2014 年版,第 59 页。

设施的建设有赖于地域性的种族特性；劳动产品的消费有赖于文化心理的共通性和信息流通。民族国家并不是完全理性的，它从意愿和实际效用上反对和限制着资本力量。因为民族国家始终是人类力量的集合体，它不会像资本力量那样在扩张的时候目的明确，民族国家的扩张总是多种复杂因素的交替和斗争的结果，而且往往是有限目的，再狂妄的政府也只是叫嚣着统治全世界，争取一个已经被认识的、最大范围的人类生存空间，并用狭隘的眼光控制有限资源，努力使本种族过上舒适安逸的生活。

只有一种情况下民族国家成为资本力量扩张的助手，那就是民族国家的统治阶级完全是资产阶级，资产阶级为了经济的必然性投靠政治，把原先的民族主义的统治阶级赶下台，帝国主义便出现了。"在渴望政治权力与不愿放弃资本主义系统的情况下，它就把经济成长的要求强加于国家的政治之上，而且宣称——扩张即是国家外交政策的终极目标"。① 帝国主义将民族主义和资本主义的要求融合起来，在海外大力扩张殖民地，殖民地既可以拓展本种族的生存空间，又可以提供生产原料和扩大产品销售市场。帝国主义表面上看来好像是将资本力量推行到世界上任何野蛮洪荒的角落，实际上这样一来，资本力量所遭遇的反抗力量更大了，原来遭遇的只是反抗异化的人类集体主义力量，现在一种要求民族解放、独立自主的呼声不加分辨地将资本力量扩张和帝国主义的压迫一并当成敌人加以抗拒。帝国主义的政治体系本来就是民族国家的集中体制，只不过集中的对象从人类力量转变为生产力量和资本力量，这是资本力量发展史上的里程碑，标志着资本力量的增长扩张开始借用人类政治制度模式集中管理，这意味着生产规模的急剧膨胀和自由竞争导致的资本力量相互削弱的局面的彻底改观。帝国主义的垄断局面还造成了资本力量过度生产的奇异状态，"货币"太多以至于用不完，这种危机状态促使金融资本家到海外去寻找富有生产性的投资事业，"权力的投资无法替代金钱的投资铺路，相反的，权力的向外扩张却温顺地追随金钱输出的途径"。② 即资本力量的如何扩张开始完全取决于自己的意志，且原先对其有所影响的政治力量现在反过来服从资本意志，权力的

---

① 阿伦特：《极权主义的起源》（第二版），林骧华译，生活·读书·新知三联书店 2014 年版，第 255 页。

② 阿伦特：《极权主义的起源》第二版，林骧华译，生活·读书·新知三联书店 2014 年版，第 341 页。

顺从意味着国家无法控制对海外的投资,威胁着整体的资本经济,使资本经济体制从生产系统转变为投机系统,金融市场的机会主义盛行使得帝国主义体制下的资本力量经历了非均衡性发展。

　　这只是资本力量发展史上的小插曲,更大的危险来自于为抵抗资本力量而采取的集体主义的变种,一种极端的绝对统治形式——纳粹主义的诞生。纳粹主义的产生不是偶然的,它根植于人类渴望充沛力量的天性和反抗对资本力量压迫的现实需要。生命需要强力才能生存下去,因此希特勒极力鼓吹被庸俗化的尼采思想:一切生命都在进行一场永恒的斗争,世界不过是适者生存,强者统治的丛林,一个"弱肉强食、优胜劣败"的世界。"只有无生的弱种才会认为这是残酷的……凡是想生存的,必然奋斗,不想奋斗的,就不配生存在这个永恒的斗争的世界里。即使残酷,却是客观现实。"①一战后德国建立的魏玛政府软弱无力,因为其主政者"骨子里惯于向确定不疑的旧权威卑躬屈膝"②,使得魏玛政权的整个权力结构收缩而脆弱,德国在凡尔赛条约的枷锁下举步维艰。纳粹党与异化的资本力量的斗争体现在他们消除了 1933 年大危机后的失业问题,这与失业率徘徊在 20% 左右的英美自由主义政府成鲜明对照。纳粹主义本质上是极端的民族主义,它具备所有民族主义的特征,这样,纳粹就把对力量优越性的追求过渡到了种族优越性的追求。希特勒说:"亚利安人,即当代的日耳曼人,是上苍赋予'主宰权力'的种族,是地球上最优秀的人种。只要他们继续无情地维持其主人态度,不久的将来,必然成为'世界的盟主','必为万国所拥护'。"③纳粹主义不仅认为自己的理论建构在民族主义之上,甚至认为其他一切学说究其实质都是赤裸裸的民族主义。例如,纳粹主义攻击共产主义就是犹太人的种族主义:"马克思仅仅是千万人中的一人,他能够用预言家的眼光认识了这腐败世界中的主要的毒物,用了巧妙的方法去提取而制成浓厚的毒液,用以迅速地去毁灭世上一切自由独立的国家。马克思之所以如此,那是为了谋犹太种族的利益而已。"④纳粹主义有极其强烈的民族国家的生存危机感,"在世界正逐渐被各国瓜分的年代,我们的政治母国局限在小得荒唐的

---

① 希特勒:《我的奋斗》,德文版,第 57 页。
② 夏伊勒,《第三帝国的兴亡》,董乐山等译,世界知识出版社 2012 版,第 122 页。
③ 希特勒:《我的奋斗》,德文版,第 65 页。
④ 希特勒:《我的奋斗》,德文版,第 104 页。

区区 50 万平方公里的土地上,便无从谈论什么世界帝国……纳粹运动必须奋力消除在我们的人口和地盘之间不相称的状态,后者既是强权的基础,也是食物的来源。"①民族的生存危机为战争扩张找到了充足理由,任何掠夺、侵占和毁灭的暴力都是为了增长民族强力的正义行为,这种超越善恶日常伦理的观念很容易让人联想到尼采的"超人",对纳粹主义者来说,日耳曼民族全体正是那个具备一切优越性的"超人",在反对腐朽、堕落的事物中迎接新世界的到来。只不过尼采的"超人"战无不胜、攻无不克,而纳粹主义的"超人"在强大资本力量的铁蹄下丧生了。纳粹主义的覆灭带给我们许多历史经验,从本书探讨的角度说,反抗资本力量强力统治而采用的集体主义策略,应该注意到其有限的抗争力和极端化的危险性。极端民族主义使得部分集中起来的人类力量狂妄到自以为是世界的顶点,这就带来两方面的恶果:一方面,不能解除资本力量的统治,反而使得资本主义世界动荡不安,进一步加深了人们对资本力量的信赖,从而使异化程度加深。另一方面,过度集中的人类力量并不能强大到与历史积累的资本力量全体相抗衡,而这种集中由于忽视人性而带来深重的战乱和灾难。

　　反抗资本力量霸权的另一个突出的典型就是苏联社会主义模式,有些西方学者也称其为斯大林主义,斯大林主义和纳粹主义集中主义的政治模式惊人地相似,哈耶克斩钉截铁地说:"法西斯主义和纳粹主义的兴起并不是对前一时期社会主义趋势的一种反动,而是那些趋势的必然结果。"②他看见了斯大林在 30 年代进行的苏共党内大清洗和肃反运动,与 1934 年纳粹上演的德国历史上臭名昭著的镇压冲锋队事件如出一辙。因为这种集中主义的理想体制,最害怕被腐朽的、堕落的力量所败坏。所以它们不仅对外部人员行使极端暴力,也对内部人员行使极端暴力。关于社会主义发展过程中的暴力问题,虽然早期空想社会主义的代表人物圣西门曾经说过,对于那些不服从他所拟议的计划委员会的人,要像牲畜一样对待,但马克思是从社会历史发展的现实本身来认识暴力,马克思在《资本论》中写道:"暴力是每一个孕育着新社会的旧社会的助产婆。暴力本身就是一种经济力。"③意思是说,国家权力利用有组织的社会暴力,能够加速社会形态的改变。暴力

---

① 图阿策尔:《地缘政治读本》,英文版,第 20 页。
② 哈耶克:《通往奴役之路》,王明毅等译,中国社会科学出版社 1997 年版,第 12 页。
③ 马克思:《资本论》(第一卷),中央编译局译,人民出版社 2004 年版,第 861 页。

加入到人类生产力发展过程的各种力量中去,使得发展进程有明显的加速。因为社会主义也是人类力量的联合,马克思把基础规定为劳动者即无产阶级的联合,在联合过程中总会出现一些资本力量旧世界的阻挠,集合起来的人类力量的增长并不是缓慢的匀速过程,总在某一些关节点遇到强硬的抵抗,唯有把力量上升为暴力形态才能将这些障碍清除。马克思对此有清醒的认识,暴力不是必要的,却也是相当无奈的手段,只有在暴力之后生产力才能进一步得到发展。旧势力即资本力量和国家政权的联合并不会主动地归顺,力量与力量之间的关系只能用征服来连接。所以《共产党宣言》说:"无产阶级用暴力推翻资产阶级而建立自己的统治。"[①]社会主义公开承认暴力的地位,但只是将其当作发展生产力的一种手段,而不是肆意妄为地施展暴力。

　　暴力合理性原则指的是在面对另一种暴力时被迫地行使暴力,而不是因主观臆断主动地去行使暴力。它类似于人类的防卫本能的正当性。我们知道,资本力量发展到国家垄断时对世界已经瓜分完毕,争夺有限资源和商品销售市场势必会带来资本主义的战争暴力。而异化的资本越来越不把人当人来看,劳动者被暴力地对待。在双重的资本暴力环境下,如果不把人类力量集中为暴力形态,是无法抵抗的。所以,马克思强调暴力革命的重要性。但是有暴力的可能性也不为自由主义者所容忍,他们认为一丁点暴力也是对自由的全盘否定。他们认为社会的进步只需要通过科学的发展和技术的改良就可以实现,暴力简直是对人类文明的侮辱,是对人类"平等"、"民主"、"自由"等基本权利的侵犯。如果自由主义者能正视异化的资本力量在全世界的强力统治的事实,那么他们就会发现,那些所谓的人类基本权利在消除异化之前都只是一厢情愿的假设。

　　自由主义者批评社会主义的另一出发点是理想的空泛性。哈耶克认为,这只不过是伟大的乌托邦,"对更大自由的允诺已经成为社会主义宣传最有效武器之一",然而这种自由不过是权力的代名词。"虽则这种新自由的允诺常常与社会主义社会中物质财富大大增加的不负责任的允诺相提并论,但并非出于这种对自然的吝啬的绝对征服,经济自由便指日可待。"[②]哈耶克的分析比较中肯,马克思关于自由王国的构想还不成熟,倒可以说是为

---

① 《马克思恩格斯选集》(第一卷),人民出版 1995 年版,第 284 页。

② 哈耶克:《通往奴役之路》,王明毅等译,中国社会科学出版社 1997 年版,第 31 页。

无产阶级的联合,为人类力量最终战胜资本力量的政治口号。对于一个现实社会主义者来说,如何将劳动者的力量从政治上联合起来消灭异化的事实,这是至关紧要的。所以社会主义的意义不在于目标,而在于实行的方式。"社会主义意味着,它只不过是通过等级制度的路线审慎地改革社会,并强加一种强制性的'精神力量',以此'终结革命'的尝试"。① 关于社会主义的集中体制,马克思证明是大形势下无产阶级自觉自愿的联合,哈耶克认为这是不可思议的。事实上,社会主义是一种"相对集中主义",有条件的集中主义,就是为反对异化而采取的集中。所以对社会主义的误解来自双方面,绝对集中主义的不理解和自由主义的不理解。绝对集中主义者如纳粹主义者,在享受了强力带来的归属感和愉悦感之后,对社会主义者的联合只能庸俗地理解为某种私利的联合。而自由主义者从根本上反对联合、惧怕联合,认为联合只是非理性的狂热症。

社会主义是一种集体主义,从范畴上严格地说却不是极权主义。因为它并不具备极权主义的绝对暴力的特征。另外,极权主义源自于异化的资本力量逐渐统治全世界的客观形势,而阿伦特归结为精英和暴民的暂时联合,精英"能够将群众组织成一个集体单位,大力支持他们那些谎言,当极权主义运动的整体发展现实支持他们,假装从他们身上取得关于行动的必然灵感时,从学术观点简单的历史伪造似乎受到了历史的认可"。② 而暴民则是"部落种族主义和反叛的虚无主义者"。当然,挖掘人性中最卑微阴暗的层面来反思极权主义带来的灾难,无论原因如何,其过程本身就加深了人类自我反省的力度。但极权主义不是通过我们内心的反思就可以避免的,正像本不希望出现的异化资本力量仍旧真实地操纵我们的生活一样。

在反抗全球化资本力量统治的形势下,集体主义抗争是人类的本能反应。社会主义应该算是一种积极的应对措施,虽然在联合和执行方面由于缺乏经验曾显示出幼稚性,而且还冒着时不时滑入极权主义的危险,然而这毕竟是人类反对被奴役命运的一个开始。自由主义者根本没有看清资本主义异化的现实和未来形势,只是盲目乐观地相信,只要放任现状就可以使人类过上好生活,以为每一个作为主体的人的自由都是理性的,所以整个资本主义社会都会是理性的。他们没有发现,他们在说这句话的时候,自己已经

① 哈耶克:《通往奴役之路》,王明毅等译,中国社会科学出版社 1997 年版,第 29 页。
② 阿伦特:《极权主义的起源》,林骧华译,生活·读书·新知三联书店 2008 年版,第 188 页。

不是主体了,而只是那个异化主体——资本力量的代言人。

资本力量在经历了人类力量的激烈抵抗后吸取了经验,使自己更能从容地应付经济危机和极权主义的破坏。它开始利用国家权力来调节扩张模式和发展方向,凯恩斯主义曾经成功地消除了战后资本主义国家的经济滞涨。可以说,以往社会主义和极权主义的抵抗运动、经济大萧条和两次世界大战的经验使资本力量变得更加成熟和理性,知道如何避免刺激人们的被奴役感而集中起来抗争,如何避免过快的扩张运动激起民族主义意识,以及如何避免盲目的增长带来的危机。资本力量转而在文化和心理领域去消解人们的存在意识和同化价值观念,它试图使世界变成一个大摇篮,人们在其中无忧无虑地玩耍,而且让每一个人都感到自己做主人的自由,在貌似多元化选择的背后,实际仍然是那个单一的资本力量扩张逻辑作主导。正如陀思妥耶夫斯基在《死屋手记》中描述的那样:

把所有经济上的满足都给予他,让他除了睡觉、吃蛋糕和为了延长世界历史而忧虑之外,无所事事,把地球上的所有财富都用来满足他,让他沐浴在幸福之中,直至头发根。这个幸福表面的小水泡会像水面上的一样破裂掉。

6.2 稀缺性、需要——经济学的力量维度

经济学的起点是商品,商品是流通的劳动产品,劳动产品又可以看成是凝结了人类劳动的物化形式。那么,什么是劳动呢?马克思认为:"劳动首先是人和自然之间的过程,是人以自身的活动来引起、调整和控制人和自然之间的物质变换的过程。"[①]"劳动过程,就我们……把它描述为它的简单的抽象的要素来说,是制造使用价值的有目的的活动,是为了人类的需要而占有自然物,是人和自然之间的物质变换的一般条件,是人类生活的永恒的自然条件。"[②]但是这样的劳动只是自然劳动,还不能成为经济劳动,马克思意识到还缺少社会条件,于是他继续添加:"社会生产过程既是人类生活的物质生存条件的生产过程,又是一个在历史上经济上独特的生产关系中进行

---

① 马克思:《资本论》(第一卷),中央编译局译,人民出版社 2004 年版,第 201—202 页。
② 马克思:《资本论》(第一卷),中央编译局译,人民出版社 2004 年版,第 208 页。

的过程,是生产和再生产着这些生产关系本身,……即他们的一定的社会经济形式的过程。"①综上可知,劳动是在一定的生产关系中人们用自身活动控制人和自然之间的物质变换的过程。也就是说,劳动是有一定社会联系的人类将自身的物质力量或精神力量投放到自然的过程。所以马克思在《1844 年经济学哲学手稿》中说人在劳动中使自然界变成"人化的自然界","自然界才表现为他的作品和他的现实",同时也使自己的本质力量不断发展。劳动的自然性证明它是一种属人的力量,劳动的社会性证明它是一种一般性力量、类力量。所以,劳动的本质就是人类力量的对象化过程。劳动产品与自然物相比最大的特征,就是它具有固定了的人类力量。劳动产品是凝结了人类力量的物化形式。商品就是已经流通的等待被重新占有的人类力量。

　　劳动产品成为商品还需要有交换价值,马克思是在与使用价值相比较的条件下论述交换价值概念的。商品同时具有使用价值和交换价值,这是由劳动的二重性决定的。具体劳动生产了商品的使用价值,抽象劳动生产了商品的交换价值。我们已经证明,劳动是力量的对象化,所以使用价值从根本上说是人们对固化的具体力量产生的需要,而交换价值则是人们对固化的类力量产生的需要。站在马克思主义政治经济学立场的国内学者一般只承认具体劳动才能产生价值,就是说只承认人的具体力量能创造使用价值。本书认为,不应将交换价值理解狭隘化,马克思认为劳动是控制人和自然之间的物质变换过程,就是说,在劳动中能够被人所控制的自然力,只要能被纳入到劳动过程,那么它们一样成为劳动力、生产出使用价值。事实上,人类的劳动史就是不断利用自然力变成自身劳动力的过程。所以马克思说:"劳动不是一切财富的源泉。自然界和劳动一样也是使用价值(而物质财富本来就是由使用价值构成的!)的源泉。"②任何水流、矿藏、石油等资源只要为人所用,这些自然力都能产生使用价值。交换价值首先表达了劳动者与劳动者之间的相互依存的关系,社会在劳动中得到团结和发展。交换价值实际上是凝结在商品中无差别的人类劳动,即交换价值是凝结在商品中的类力量,类力量是一般的、抽象的力量,类力量表达的是人的具体力量相互之间的关系,就是说,力量脱离原始的自然状态,在与其他力量相比

① 马克思:《资本论》(第三卷),中央编译局译,人民出版社 2004 年版,第 925 页。
② 《马克思恩格斯选集》(第三卷),《哥达纲领批判》,人民出版社 1995 年版,第 298 页。

较的前提下而不是用纯粹计数方式才能积累自己的"量"。作为社会承认的一般性的类力量，表达了人类力量能够结成联系的特殊性，同时，类力量也是经济活动的开始。

经济活动的展开不只是要有商品，而且还须有人的需要。什么是需要？西方经济学将其定义为："在一定的时期，在一既定的价格水平下，消费者愿意并且能够购买的商品数量。"①这是在既定的商品经济条件下所作的说明，有循环解释之嫌，同时也不能揭示需要的本质。马克思从人性出发，认为人的需要是与生俱来的人的"内在规定性"，人的需要是人的本质。"同时就是需要有完整的人的生命表现的人，在这样的人身上，他自己的实现表现为内在的必然性、表现为需要"。② 需要不仅仅是自然需要，同时也是社会需要。"把人和社会连接起来的唯一纽带是天然必然性，是需要和私人利益"。③ 在此基础上，马克思认为，需要是历史性的需要。"五官感觉的形成是迄今为止全部世界历史的产物。囿于粗陋的实际需要的感觉，也只有有限的意义"。④ 劳动使人化自然历史性地发展起来，同时也使人对社会的感觉——需要历史性地发展起来。就是说，人的本质力量在对象化到劳动产品中时，另一方面产生了重新占有这个本质力量的欲望，需要就是力量的缺欠感，这种感觉是通过历史性的劳动逐步发展并完善的。

用马克思的政治经济学分析整个经济运动过程，可以看出，生产力就是能够被对象化的力量，生产关系就是对象化过程中力量与力量之间的关系。劳动力是产生活的生产力量的源泉，生产资料就是已经对象化后又重新被纳进生产过程的人类力量，货币则是一般等价物，力量之间进行通约换算的手段。资本就是积累的旧的人类力量来胁迫活劳动力产生出新的人类力量，利润则是对象化到商品中的除去以往转移其中的旧的力量剩余的新的力量。整个经济活动的实质是：人类力量的不断对象化和力量总体不断增值的过程。

稀缺性一直是西方经济学关注的重点。普遍的观点认为，稀缺性也是产生价值的源泉。李嘉图在《政治经济学及赋税原理》写道："具有效用是商

① 黎诣远：《西方经济学》，高等教育出版社2007年版，第25页。
② 《马克思恩格斯全集》（第42卷），人民出版社1979年版，第129页。
③ 《马克思恩格斯全集》（第一卷），人民出版社1995年版，第439页。
④ 马克思：《1844年经济学哲学手稿》，中央编译局编译，人民出版社2002年版，第87页。

品获取其交换价值的来源有两个:稀缺性和获取商品时所需的劳动量。"①
而凯恩斯将稀缺性假设作为他的经济理论的出发点,他认为经济学的根本
目的在于研究"如何运用有限的资源发挥最大的效用",承认资源稀缺的前
提下研究如何提高利用"效率"。② 稀缺性的存在是以有限资源的客观事实
为前提的,几乎没人能够否认这一事实,而经济学家亦把其当成无可置疑的
前提。稀缺性是对有限资源的"表象化"描述,我们沉入这一表象思维就会
发现,经济学上的稀缺性概念不等于必然有稀缺性事实。现实中我们感到
某物的稀缺,乃是这个有限之物正好为我们所需要,就是说,有限资源只有
进入到我们的经济需要中来时,才能成为稀缺性。马克思的经济理论揭示,
需要是在历史的劳动过程中发展起来的,也就是说稀缺性能否成为自身主
要在于劳动水平或生产力发展水平的评判。月球能够成为稀缺性资源,主
要在于我们登上了月球。人类力量能够进入某物,某物对人来说才是需要
的。某物对比生产力发展水平是缺乏的,是不能满足生产需要的,某物才能
成为我们的稀缺资源。西方经济学沉溺于稀缺性的现状描述,实际上就是
等于从现成的静止的层面来理解"需要"。历史的劳动产生历史的需要,需
要从劳动直接目的——简单的生存需要,发展为社会需要——劳动技能的
培养,进而劳动中对卓越技艺的追求和美好记忆的回溯又产生了艺术需要。
这些需要都能产生各个不同层次的稀缺性。所以,稀缺性并不能独立自存,
从根本上说是人类力量的发展水平所决定的。

　　19 世纪 70 年代,经济学内部爆发了一场"边际革命",边际效用价值成
为主流经济学的核心概念。那么,劳动价值论失效了吗？ 我们首先来看什
么是"边际效用价值",西方经济学将其定义为满足人的最后的也即最小欲
望的那一单位的效用。③ 也就是说,价值的大小大部分取决于人的主观心
理评判。边际效用学派的代表人物杰文斯认为,价值由"最后效用"决定;门
格尔认为,价值由"最小重要的用途"决定;瓦尔拉指出,价值由"最后欲望满
足的程度"决定。这些观点暗含着这样一种意思:价值是由物品的最终效用
决定的,而效用是用以满足人们欲望的程度。边际效用价值强调物对人的

　　① David Ricardo, *On The Principles of Political Economy and Taxation*, Cambridge University Press, 1995, p.84.
　　② 参阅凯恩斯:《就业、利息和货币通论》,徐毓枬译,译林出版社 2014 年版。
　　③ 黎诣远:《西方经济学》,高等教育出版社 2007 年版,第 68 页。

满足程度,而满足程度完全是主观的感觉,所以这种理论是主观主义的价值学说。主观主义理论并不意味着该理论丧失了客观必然性,边际效用价值从人的心理层面精细地揭示了劳动产品的效用和人的需要之间的对应关系,并不能对劳动价值论构成完全否定,毋宁说是劳动价值论的一种补充和完善。事实上,劳动产品效用的客观基础在该产品中对象化了多少人类力量,而人的需要又是被历史性的力量对象化过程所决定的。这就是说,边际效用价值从本质上揭示了人类力量通过对象化来改造自然物和人本身之间的对应关系,它用一种技术化的手段分析了力量在自然和自身双方面的影响并归纳出数量意义的规律。边际效用递减规律正是力量效应递减规律的经济学写照:随着力量的增长,单位力量所能给人带来的满足感逐渐减少。边际效用价值对力量的自然本性的深入研究正是马克思主义政治经济学未曾关注之处。

经济学力量维度分析的根本目标,不是要建立一整套完整的概念体系,以便一劳永逸地解决所有经济问题。因为力量本质的敞开性,经济学本身应该呈现出开放性结构。不仅以往的古典经济学和马克思主义政治经济学原理可以适用,而且新出现的经济学派和经济思想都能进一步补充和完善这个结构。

经济学的力量维度可以用来分析现代经济学派别的基本特征。德国历史学派将动态的、演进的观点运用于对社会的研究,它关注的核心是累积发展和增长。可以看出,他们的观点和尼采的强力意志思想有相似之处:强力的本质就在于不断的提升中。德国历史学派有强烈的民族主义意识,突出了国家干预经济事务的必要性,这一点又和晚期出现的纳粹主义的经济思想类似。人类力量需在民族国家的集体主义感召下才能不断增长。20世纪30年代出现的不完全竞争学派,主要观点是说明垄断如何将价格提高到竞争性均衡水平之上以便在长期内获胜。与大多数经济学家同意的完全竞争模型相反,不完全竞争学派显得更有实际说服力。因为资本力量的扩张必然要寻求国家政权的支持以便排除异己,提高自己的竞争力,但反过来这种垄断措施又会使资本力量丧失持续竞争力。制度学派将经济作为一个整体来考察,而不能将其作为与整体分离的较小部分或者独立的实体考察。这个学派更注重社会制度在经济生活中的作用,包括社会习俗、习惯、法律、思维方式和生活方式。社会劳动即对象化类力量的过程,它本身就是在力量之间的整体联系中获得定义的,但是力量的增长过程受到一些人为因素

的影响,制度学派的研究给经济学的发展开辟了新途径。福利经济学派主
要以帕累托最优为基本原理,研究社会的最大化福利。这实际上是研究对
象化后的力量在人群中的分布,以确定最有效的需求满足方式。芝加哥经
济学派实际是一种新古典主义的自由主义,它研究的最优化行为是在市场
完全自由的前提下进行的,不同于以往自由主义的自由放任政策,用更技术
性的分析手段来避免经济危机的发生。无论如何,芝加哥经济学派不承认
异化现象的存在,即经济的主体是资本力量而不是单个人,这也是其完全维
护现有资本主义经济制度的原因。

　　经济学的力量维度可以用来分析一些独特的经济思想。李斯特的战略
贸易理论反驳了以往的自由贸易观点,他认为在一些欠发达国家只拥有幼
稚工业的情况下,实行自由贸易只会摧毁整个民族经济,而选择性地利用关
税或是贸易配额等贸易壁垒,则能够获得国内繁荣。[①] 李斯特实际上用了
封闭式的分析方式,认为保护弱小力量的最好方法是将其放入温室内。而
力量真正强大需要的条件,是不断地与其他力量斗争。李斯特的方法不仅
在理论上行不通,在现实中也因为贸易壁垒往往遭到其他国家的报复性关
税而使国家经济处于更加不利地位。韦伯详细论证了新教主义与资本主义
经济之间的隐秘联系:"通过禁欲强制储蓄来积累资本。加于财富消费的限
制,通过尽可能的生产性资本投资,很自然地有助于增加财富。"[②] 托尼等经
济学家批评韦伯的观点,韦伯只是注意到了宗教对经济行为的影响,却忽略
了经济与社会变革也会对宗教产生强有力的影响。且不论这点,单就宗教
影响经济力量的增长也是有限的,因为宗教信仰固然可以激起力量的激情,
但力量增长的真正动力还是来自力量的本性。威廉·斯坦利·杰文斯提出
了一个很有意思的问题:赌博是理性的吗? 一个不公平的赌博游戏,不管预
期效用多少,许多人仍能从中获取效用。杰文斯认为赌博本身就提供了效
用,这些赌博者的行为的确是理性的,他们期望获得的效用(娱乐性和获胜
希望)超过了赌注的负效用。力量在追求增长的过程中并非完全理性,它可
以不要求实际增长,而要求满足感的增长。杰文斯还发现太阳黑子周期能
影响经济周期,这种天才式的奇思怪想和以往的地理环境决定论如出一辙。

---

　　① 　Friedrich List,*National System of Political Economy*,New York:Kelley,1966,p.145.

　　② 　Max Weber,*The Protestant Ethic and the Spirit of Capitalism*,Trans. Talcott Parsons,
London:Allen and Unwin,1930,p.172.

就自然力来说，的确对人类力量的增长有所影响，但绝对不是本质性的。弗雷德里克·巴师夏提出了著名的"机会成本"概念：被浪费的机会也应该作为成本计算在可得的利益之内。例如破窗理论中，打破窗户有助于货币的循环和产业的激励，好像是有利的。其实主人不得不把其他用途的花费用在窗户上，总体来说对经济还是不利的。这一概念注重经济的预期性和可得性。力量把增长的可能性看作必然性时，肯定因为过度自信带来损失。马歇尔的需求弹性理论核心是，人们对每一种商品的需求程度是不一致的，通过比较分析得出，需求弹性大的商品降价能促进销售额。力量对象化到每个商品的程度都是一样的，即无差别劳动，但人们对具体力量的需求程度是不一样的，一些维持基本生存的力量一般都缺乏弹性。

　　经济学的力量维度分析不能简单地以力量本性来推演一切经济状况。由于对象化的人类力量异化成资本力量，它胁迫劳动力按照自己的逻辑去发展扩张，资本主义经济体制实际是以一种加速度的形式来运转的，它势必会使经济形势更加复杂多变，因而经济学领域中会出现越来越多的新问题和情况，对这些问题和情况展开细致的分析，不仅很有必要，而且能给基础经济研究拓宽思路。

6.3　大危机——异化力量的虚无化发展的信号

　　资本的本质究竟是什么？上述已经表明，资本是一种异化了的人类力量。"它成为资本，是由于它作为一种独立的社会力量，即作为一种属于社会一部分的力量，通过交换直接的、活的劳动力而保存并增大自身"。① 只有对象化了的力量对人来说才成为价值，因为只有对象化后的力量变成人的对象时，人才有可能产生占有的欲望。原始的存在于人身并纯粹地被人所使用的力量，对人来说并不具有价值，因为他使用的力量就是在展现他自己，他的力量就是他的本质，他的本质并没有因此得到提升，而只有能实现本质之提升的力量对人来说才是有价值的。资本作为一种特殊的对象化力量即异化力量，是独立于人的意志并按照自己的逻辑进行运动的力量。它能作为主体并使其他力量对它显现为对象，也就是说，它能够把其他力量看

---

① 《马克思恩格斯选集》(第一卷)，"雇佣劳动和资本"，人民出版社 1995 年版，第 346 页。

成价值并据为己有。所以,资本是一种能自行增殖的价值。

　　资本从本性上来说是一种运动着的历史范畴,最明智的方式就是从周期性的购买、生产和销售的增殖运动现状去描述资本,而不是作概念的辨析。现实存在的商品就是资本的开始,“商品流通是资本的起点”。[①] 马克思在《雇佣劳动和资本》中写道:“资本不仅是若干物质产品的总和,并且也是若干商品、若干交换价值、若干社会量的总和。”[②]它的内部构成很复杂,但总体来说,进入资本运动过程的任何价值都有可能成为资本。事实上,资本不是以清晰的结构,而是以实实在在的影响力而逐渐被人们所熟悉,它从产生的那天起就操纵了世界历史和人类命运。资本首先是一种生产的力量,一种独立于人意志的控制生产经济领域、进而控制整个社会的力量。资本主义的发展史主要是资本力量的控制史。然而资本力量的控制史并不是那么一帆风顺,总是周期性地出现波折和动荡。危机是某种矛盾极端化的集中反映,同时暴露了资本力量本性中的缺陷。危机不仅仅是资本力量前行道路上的一个个路标,重要的是从危机中可以看出资本力量的当代发展趋势。

　　资本主义发展早期就孕育着危机的萌芽,从瓦特发明的蒸汽机使生产量急剧扩大后的第三年,也就是 1788 年,第一次经济危机在英国首先发生。从那以后,每隔一定期间就会爆发一次危机,到 21 世纪初为止大约发生了22 次较大规模的普遍生产过剩危机。这种反复出现的袭扰和破坏究竟出于什么样的根本原因? 能否用一种合理的技术方式加以解决? 对此主要有主动干预和消极放任两种态度。前者的代表是凯恩斯,他主要从心理层面分析了致使危机产生的三条规律:(1)边际效用消费倾向递减规律。指的是人们收入增加后单位消费比例的减少。(2)资本边际效率递减规律。指的是人们预期从投资中获得的利润率将因增添的资产设备成本提高和生产出来的资本数量的扩大而趋于下降。(3)灵活偏好规律。指的是人们愿意保持相对比较灵活的货币资本形态。[③] 这些心理因素最终会影响到经济的有效需求不足,从而使危机爆发。所以需要有一个强有力的主动干预,以影响人们对资本力量的信心判断。凯恩斯没有关注到资本力量的异化和人类丧

　　① 马克思:《资本论》(第一卷),中央编译局译,人民出版社 2004 年版,第 171 页。
　　② 《马克思恩格斯选集》(第一卷),“雇佣劳动和资本”,人民出版社 1995 年版,第 345 页。
　　③ 参阅凯恩斯:《就业、利息和货币通论》,徐毓枬译,译林出版社 2014 年版。

失主体资格的事实,所以他的理论的一个主要特点就是,不是从资本力量本性、而是从人们对资本力量的微妙态度出发来分析危机原因。这样固然可以精确地描述资本力量对人类的深层影响,但另一方面由于过于关注这些影响力所产生的现象,而对资本力量本体不加考虑。凯恩斯的解决方式是,通过对资本现象的调整来弥补资本力量本性的缺陷,这种解决方式注定只能有短暂效应。消极放任的自由主义代表是哈耶克,他凭借人性和社会世界性质论证出一种原生的自发社会秩序,这种社会秩序对于说明人类社会问题相当关键,以至于"社会理论的整个任务,乃在于这样一种努力"。① 自发社会秩序是自我生成的,而非意识反思和设计的产物,"我们之所以……能够成功地根据我们的计划行事,是因为在大多数的时间中,我们文明社会中的成员都遵循一些并非有意构建的行为模式,从而在他们的行动中表现出了某种常规性"。② 这种行为模式对每个服从者来说都是自由的,"对特定情势的个别回应,将导致一个整体秩序,只要个人服从这样一些会产生秩序的规则,那么他们的行为只要具有极有限的相似性就够了"。③ 有限的相似性即最低限度的可重复性的自由,哈耶克认为只要保证市场能够保持这种自由,就能够避免经济危机的产生。他和凯恩斯相反,不是从客观影响、而是从主体方面来展开分析。他的理论建构基础是多个自由行动的主体为了保持彼此一致而产生的理性,诺曼・巴里就批评道:"出现在市场经济中的自发秩序模式似乎是无所不知的事先周密设计的头脑的产物。"④而事实上,在资本主义环境中,真正的主体是唯一的,那就是被异化为主体的资本力量。单独的主体的自由无须考虑到其他主体的干预,也就是将一切对象都变成它的客体,肆意地展开它的自由,这种理性是一种盲目的理性。哈耶克对主体理性保持着乐观的信任,殊不知主体已经不是他论证范围内的主体了。

　　总而言之,如果不意识到异化的人类力量成为资本主体这一事实,那么无论我们从任何角度去分析经济危机的原因,都是隔靴搔痒。马克思对资本主义的批判,对经济危机的分析之所以能够深刻,正是在于他抓住了异化

---

① Hayek, *Studies in Philosophy, Politics and Economics*, Routledge, 1967, p.71.

② Hayek, *The Constitution of Liberty*, London and Chicago, Routledge, 1970, p.62.

③ Hayek, *Law, Legislation and Liberty: Rules and Order*, The University of Chicago Press, 1973, pp.43-44

④ 参阅巴里《自生自发秩序的传统》一书。

后的资本力量无节制地追求自身增长的本质缺陷。那么，随着这种异化力量的发展，会不会出现新的形式和状况是马克思理论难以预计的？有没有新的解释方式可以更合理地揭示资本力量的发展趋势？通过对 2007 年在美国爆发，一直延续至今的次贷危机引发的全球性经济大危机作一番深入的分析，有助于我们对上述问题的理解。

1. 关于经济问题的学说不像自然科学那样具有严格确定性。它总是站在某种实际的利益主张的立场上。马克思早就认识到："在政治经济学领域内，自由的科学研究遇到的敌人，不只是它在一切其他领域内遇到的敌人。政治经济学所研究的材料的特殊性，把人们心中最激烈、最卑鄙、最恶劣的感情，把代表私人利益的复仇女神召唤到战场上来反对自由的科学研究。"①情绪总把我们带离通往真理的道路，一旦大危机以强有力的破坏性展现资本力量的本来面目时，各种手足无措的经济意见都貌似正确地分析了这次大危机。

"信息不透明论"：次贷债券和各种金融衍生品发行过程中信息不够透明，投资者没有完全的知情权；"缺乏监管论"：政府及其他相关机构没能对金融系统做到切实的管理；"金融创新过度论"：金融创新使得金融衍生品泛滥，导致了金融风险在全球的扩散和放大；"低利率论"：格林斯潘奉行的低利率政策导致货币流动性过剩，从而引发投机热；"单一货币论"：以美元为主要储备货币的国际货币体系，由于其单一性，使得规避风险能力降低。这些技术性观点都有一定的合理性，但是因为只能注意到资本运作某一环节的可行性，势必会有另一环节的对抗。实际上，信息不透明是市场的内在缺陷，要求信息占有者无偿提供信息是绝不可能的；政府及其机构的监管能适当保持经济的健康，如果说监管不力，亚非拉的第三世界国家的政府监管力度肯定不如美国，危机为什么单单爆发于美国呢？显然这种说法无说服力；金融创新的确带来了迷惑世人的效应，但人们能够识破这种把戏，金融衍生品之所以泛滥是因为人们明知故犯；低利率论能解释热钱的来源，但不能解释热钱为什么要进行投机的原因；美元为主要储备货币的单一性加速金融风险的扩大，但并不是引发风险的根本原因，因为它无法解释美元主导的布雷顿森林体系建立以前的经济危机。

此外，从心理学和经济伦理学的角度也对大危机成因给出了不同的解

---

① 《马克思恩格斯选集》(第二卷)，人民出版社 1995 年版，第 102 页。

答。比特纳就把次贷危机归结为"贪婪、欺诈和无知",美国四分之三的次级贷款是不稳定和具有欺诈性的,房地产经纪商的贪婪、信用评估师的不负责任和公众的愚昧无知相结合产生了巨大的金融泡沫。① "人性贪婪论"不仅归责于华尔街资本家的贪婪,更在于自由市场的竞争中人们为了盈利和优胜而不顾他人利益的本性。"过度消费论"把危机根源归责于美国人的"及时享乐"、"举债度日"等消费主义的文化价值观念。这些观点都有一定道理。但心理总是伴随着一定的行为的产生而产生的,它们之间的关系乃是休谟的"习惯性联想",而非真正的因果联系。将心理这种伴随现象混同于经济行为的动机显然是倒果为因。人性的贪婪自古有之,为什么前资本主义社会不爆发经济危机呢?而且将资本增殖的贪婪扩大解释为人性的贪婪,无非是给真正的贪婪者减轻罪责的借口。过度消费是美国作为资本主义大国长期为推动自身经济增长而产生文化价值观念,在危机的爆发进程中起到缓和或加速作用,本身没有独立的根源。我国一些学者呼吁让经济理性回归传统道德,如坚持人文导向和加强社会主义核心价值观的教育。② 道德不过经济理性为了证明自身正当性的规范,现代意义的道德必然带上资本色彩。靠道德的完善只能像欧文、傅立叶一样是无力的幻想。

2."理论只要彻底,就能说服人。所谓彻底,就是抓住事物的根本"。③ 上述各种学说之所以不能令人信服,正是因为其理论的不彻底性,不能抓住资本主义的自由市场制度这个根本。马克思认为,经济危机的产生乃是由于生产远远大于消费的矛盾,是资本主义私有制和市场盲目追求利润的先天缺陷所致。历史过去了一百多年,这一判断对今天的经济危机依然有效吗?反思历次经济危机的成因,应当从自由市场体制这一相似点开始,而自由市场的核心在于商品交换,商品交换的核心在于商品价值。

马克思把商品价值区分为使用价值和交换价值,二重性的劳动一方面创造了使用价值,一方面创造了交换价值。这一思想的直接来源是亚当·斯密,斯密最早系统地论述了劳动价值论。他在《国富论》中基本上把"价值"这个概念当作与"交换价值"、"自然价格"一样的概念来使用。他用这些

① 比特纳:《贪婪、欺诈和无知:美国次贷危机真相》,覃扬眉、丁颖颖译,中信出版社2008年版,第55页。
② 唐凯麟、陈世民:《经济和人文脱节的不良后果——全球金融危机的伦理审视》,载《哲学研究》2009年第5期。
③ 马克思:《资本论》(第一卷),中央编译局译,人民出版社2004年版,第208页。

概念表示商品价格背后的本质,表示在竞争性市场经济中商品价格围绕其波动的中心。这就把劳动价值论当成了一个经验科学上的命题。但斯密仅仅注意到了价值的客观性,而忽略了价值被人的主观需求所决定的事实。"价值"是某种确定无疑的存在的财富,能增殖财富产生净收益的劳动是生产性劳动,家仆的"纯服务"就是非生产性劳动,整个国民经济学的目的就是要减少非生产性劳动并扩大生产性劳动来促进国民财富的增长。在李嘉图和穆勒那里,对价值的客观性追求到了无以复加的地步,以至于把财富看成人的本质,"人的生命就是资本";"人是微不足道的,而产品则是一切"。[①] 经济学发展得越彻底,他们就越是"自觉地在排斥人,这方面比他们的先驱者走得更远"。[②] 追求人的本质变成了追求物的本质,经济危机给这种片面追求拉响了警报,从这个意义上也可以说,经济危机的产生乃是我们观念的错误。

　　价值首先是一个关系范畴,表达了某种事物(被需求者)具有能够满足某一特定需求(需求者)的属性。在这种需求者与被需求者的对象性关系中,被需求者的属性是独立的、属于自身的,不会受到需求者的干扰,但另一方面,这种属性能否实现需求则要通过需求者最后的评断。需求者的评断是决定性的,主体性需要构成了价值的大部分内容。马克思比斯密以来的国民经济学家们走得更远,因为他充分考虑到了价值的主体性。马克思的使用价值和交换价值之分承袭了斯密的学说,但是他赋予这种区分更加深刻的内涵。

　　商品价值的二重分化是因为劳动的二重性,劳动既是私人劳动也是社会劳动,私人劳动生产出商品的使用价值。私人劳动是劳动的基本形态,是原始的改变自然的过程。人通过劳动把自己的本质力量物化在产品中,改变了人与自然的对立,并完成了自然向人的过渡。"人自身作为一种自然力与自然物质相对立。为了在对自身生活有用的形式上占有自然物质,人就使他身上的自然力——臂和腿、头和手运动起来。……他使自身的自然中蕴藏着的潜力发挥出来,并且使这种力的活动受他自己控制"。[③] 使用价值在此意味着本体论上的元存在。自然的力量同时成了人的力量,人的力量

　　① 马克思:《1844 年经济学哲学手稿》,中央编译局编译,人民出版社 2002 年版,第 32 页。
　　② 马克思:《1844 年经济学哲学手稿》,中央编译局编译,人民出版社 2002 年版,第 74 页。
　　③ 马克思:《资本论》(第一卷),中央编译局译,人民出版社 2004 年版,第 208 页。

既构成了对象物的存在,又构成了自我的存在。并且,通过使用价值这一基础性的联系,提示着两者统一的必然。

劳动的力量本来就是自然的力量,所以我们不应将劳动价值论狭隘化,认为只有劳动才能生产出使用价值。矿藏、河流和风力等等自然力只要符合人的需求,能纳入到劳动过程并被人控制,都具有使用价值。马克思认为:"劳动不是一切财富的源泉。自然界和劳动一样也是使用价值(而物质财富本来就是由使用价值构成的!)的源泉。"[①]那么各种自然力(资源)的价值大小怎么判定呢?按照劳动产生的需求。自然力在完成某一工作的消耗和劳动力在完成某一工作的消耗大致相等时,自然力和劳动力相应的就有量的对应关系,自然力的价值就是相当量的劳动力价值。资源的存在是有限的,这是马克思未曾考虑的现实。按当代经济学分析,资源的价值也受到稀缺性的影响。当然稀缺性的对立面可替代性也影响资源的价值。

交换价值是马克思价值学说的核心。社会劳动生产出商品的交换价值。古典政治经济学认为,交换价值体现在他人对个人的劳动产品的需求,马克思认为他人的需求也是通过劳动来生产的,需求是社会化劳动的产物,是分工和私有制这一普遍前提下才能实现的,所以交换价值体现在社会对个人劳动产品的需求,是社会对单个商品生产者付出劳动的贡献大小的评断标准。交换价值真正体现了马克思劳动价值论的秘密,即劳动不是生产使用价值的唯一源泉,而是生产交换价值的唯一源泉。资本主义分工使得社会化劳动成了可能,交换价值表达了劳动者与劳动者之间的相互依存的关系,社会在劳动中得到团结和发展。劳动价值论将劳动作为个人对社会唯一的贡献,进而驳斥各种依靠要素分配的"不劳而获"观点。近几年国内对劳动价值论的批判,主要集中在资本作为物化劳动能不能生产价值这一问题。[②] 产生激烈争议的关键,就是混淆了使用价值和交换价值之分,资本自身就有使用价值,在劳动过程中转移出自己的使用价值,而不是生产出新的使用价值。活劳动创造新的使用价值,与资本等其他要素一起生产出固定在新产品中的使用价值。资本不能反映交换价值,而活劳动是现实的生产过程,表达了劳动者之间的联系,因而产生交换价值。千差万别的商品的质体现在抽取使用价值后的无差别劳动(交换价值)上。

---

① 《马克思恩格斯选集》(第三卷),《哥达纲领批判》,人民出版社 1995 年版,第 298 页。

② 晏智杰:《劳动价值学说新探》,北京大学出版社 2001 年版,第 68 页。

　　总结一下马克思描述的整个劳动过程,劳动将各种自然力和人的力量固定在产品之中,产生使用价值,分工使劳动者迫切需要他人的劳动产品,于是交换价值就产生了。其中资本和资源作为已经存在的人的本质力量在生产中转移到新产品中去,它们只是活劳动能够进行创造的条件。活劳动生产出新的价值即资本的剩余价值,资本通过剩余价值的积累不断扩大。工业史是自然向人的过渡史,任何劳动都是人类本质力量的扩大。问题在于这种力量会不会无限地扩大呢?目前来看还是如此。采用资本形式的力量能够独立于人并反对人的存在的时候,人无法占有自己生产出来的力量,交换价值最后不能实现,危机就不可避免地产生了。

　　3. 马克思的《资本论》出版后不久,经济学内部就发生了著名的"边际革命",西方经济学家们转而信奉了边际效用价值论。使用价值和交换价值之分逐渐被淡化,商品的价值直接归结为它的使用价值,使用价值再主观化为效用,不同的使用价值变成了主观上同质的东西。价值被直接归结为主观需要蕴含着一种风险:实体价值的生产越来越不重要,经济的增长通过不断扩大需求就可以实现。这种新自由主义的态度导致了虚拟经济的产生。虚拟经济产生的标志是19世纪末股份制公司成为占据西方各国经济主导地位的企业组织形式,并且在随后的一百多年里逐步排挤实体经济的分量,最后以金融危机的形式宣告了自己的统治地位。

　　虚拟经济是资本贪婪本性和逐利精神的深层次发展。如果说从人的力量中独立出来并反对人的资本是一次异化,那么虚拟经济是资本自身的再次异化,资本直接抛开了物质外衣,采用观念符号的形式来追求自己的发展。彼得·德鲁克就认为:"当代世界发生了深刻的结构变化,符号经济取代了实体经济成为世界经济的飞轮。"[①]虚拟经济比实体经济有两个明显的优势:(1)突破了物质形式的束缚,不必遵循一般自然规律;(2)缩短了周转时间,加快了资本周转。资本在采用这种新形式得到更快、更有效扩张的同时,对自己原先的实体形态更加感到束缚,越发趋向虚拟形态,从而使资本整体趋向虚拟化。另外,这种虚拟化带来了喜剧效果:由于资本追求的剩余价值逐渐被虚拟化,剩余价值是观念上的剩余价值,不再是现实的剩余价值,资本的剥削力量被非现实化,人们在观念上受到了剥削。

　　虚拟资本不是现代才有的,在资本主义萌芽阶段已经出现。1611年,

　　①　参见彼得·得鲁克:《管理的前沿》,闫佳译,机械工业出版社2009年版。

东印度公司的股东们在阿姆斯特丹股票交易所就进行着股票交易。大卫·李嘉图最早提出了虚拟资本概念。马克思在资本论第三卷中通过对信用、借贷资本、生息资本的考察,对虚拟资本的本质、具体形式及其独特的运动方式进行了深入的分析。马克思所处的时代是资本主义实体经济最为强盛、准备到处瓜分世界市场的黄金时代,虚拟经济并未充分发展,因而他对资本的虚拟性的认识也是不充分的,他认为虚拟资本是实体资本映像或幻想的存在形式,是实体资本的另一重存在。"随着生息资本和信用制度的发展,一切资本好像都会增加一倍,有时甚至增加两倍,因为有各种方式使同一资本,甚至同一债权在各种不同的人手里以各种不同的形式出现。这种'货币资本'的最大部分纯粹是虚拟的。"①虚拟资本是同一实体资本在流动中被放大数倍后的产物,本质上是二重性或多重性的存在。另一方面,他注意到了虚拟资本乃是基于信心的资本未来收益权,是对实体资本将来收益进行分配的信用制度。虽然这种信用很可能带来投机:"把资本主义生产的动力——用剥削别人劳动的方法来发财致富——发展成为最纯粹最巨大的赌博欺诈制度",但它却是"资本主义的私人企业逐渐转化为资本主义股份公司的主要基础"。② 换句话说,虚拟经济是实体经济逐渐扩大的结果。

　　马克思注意到了虚拟资本同实体资本的连襟关系,但是他未曾注意到虚拟资本乃是实体资本的异化,因为当时的情况下两者互为反对的关系并不明显。随着资本精神的发展和世界经济格局的变化,虚拟经济独立出来并成为反对实体经济的现实力量。资本盲目的本性驱使它只关心数量的增殖,而不关心增殖的资本是现实的还是虚拟的。由于虚拟经济比实体经济更具优越性,那么资本就会不断扩大虚拟经济的规模,甚至牺牲实体经济发展的空间来发展虚拟经济。正像一位通过自己的言语而不是体育锻炼来使自己强壮的人,整个资本主义大厦构筑在虚拟经济的泡沫里,当实体资本无力支撑的时候,新形式的资本主义危机就产生了。

　　如果说传统经济危机是实体经济的崩盘,则现代的经济危机是虚拟经济的崩盘。传统经济危机中,生产能力远远大于消费能力,即人的本质力量不能为人真正占有,这些凝结在产品中的本质力量被遗弃在臭水沟里,劳动成了非劳动,实在的东西成了虚假的东西,仿佛这些产品从来没有出现过。

---

①　马克思:《资本论》(第三卷),中央编译局译,人民出版社 2004 年版,第 534 页。
②　马克思:《资本论》(第三卷),中央编译局译,人民出版社 2004 年版,第 520 页。

因为超出人们消费能力的实体经济本质上也是虚拟的,危机是对资本欣欣向荣的假相的一种还原。现代经济采用新的形式,企图掩盖真相:一方面虚拟并扩大了生产能力,另一方面用分期付款和信用体系虚拟并扩大了人们的消费需求,以弥补与生产能力之间的差距,让经济好像面临消费过度的幻相。整个现代经济将落进虚拟生产—虚拟消费的怪圈。而实际上,虚拟经济没有消除需求不足,反而成倍扩大了这种需求不足的后果。

　　结合马克思的分析,本书将虚拟资本产生的原因有大致分为四种:(1)同一实体资本的变种;(2)基于信心的资本未来收益权;(3)吹嘘的幻相满足持有者的支配欲或者用于欺诈他人实体资本;(4)不以消费为目的的交换。并不是所有类型的虚拟资本最后都能造成现代经济危机,前两种是马克思正面叙述过的正常形式;第三种涉及道德和法律的投机欺诈行为,虽然可能会影响到整体经济的健康。从经济学角度说,最根本的原因是不以消费为目的的交换。

　　在马克思的政治经济学中,交换是生产与消费的中间环节,不以消费为目的的交换是不能想象的。而商品市场的运行把这一想象变成了现实。我们试举个简单模型:一朵郁金香价值为 1 元,每卖出一次获利 1 元,那么在从持有人 A→B→C 的交换中,郁金香的价格为 3 元。假设世界上只有 A、B、C 三人,C 能不能再卖给 A 呢? 按照经济理性来说,A 不能花 3 元买自己 1 元就能持有的商品,但是,如果 A 相信"每卖出一次获利 1 元"的黄金法则,他仍然会继续买进郁金香。于是郁金香从 A→B→C→A 开始了循环的交换,而价格越来越高,经济泡沫就这样产生了。[①] 除了原初的 1 元价值,郁金香价格都成了虚拟资本。这种交换不以消费为目的,甚至害怕消费、害怕最终占有,而以不断的交换来获利为最后目的。假设社会的生产能力不变,总产品一定,那么经过不停交换,总产品的商品附加值提高,每一次交换,所有者总想获得更多的价值。实际上,价格确实会越来越高(通过宣传包装等手段鼓吹人们对产品的需求),这些超出实际交换价值的部分就是虚拟价值。

　　对虚拟价值的追求如此简单,烦琐复杂的实体经济就显得落伍了。我们可以分析出,虚拟经济是怎样从实体经济产生的:因为生产的最终目的不

----

　　① 查尔斯·麦基,《非同寻常的大众幻想与群众性癫狂》,程浩译,电子工业出版社 2013 年版,第 96 页。

是消费,所以导致生产职能的退化、偷工减料,使用价值逐渐缩水,甚至为零,因为交换价值的基础不再是使用价值。交换行为本身成了交换价值的源泉,交换的利润取决于对交换行为未来的信心。资本只关心产品的利润,如果因为降低使用价值而减少成本且并不影响实现交换价值的话,生产虚拟化的趋势会越来越明显,以至于出现虚拟产品。虚拟产品本身就是一种无任何使用价值的交换符号而已,而且就算是实际产品,为了追求更多的交换而不能最终被人消费,这部分产品也成了虚拟产品。当然,传统经济中原本就有的货币、股票、债券等有价凭证也成了虚拟产品。虚拟经济下这些产品具有的共同特征就是:不断地交换来获取利润。虚拟产品是对劳动价值论的否定,虚拟经济是观念的创生物,是对原劳动创造的价值的稀释,是对实体资本的重新社会化和分配。

　　不以消费为目的的交换会引发虚拟经济的膨胀,也会使货币贬值、引发通货膨胀。因为在正常的生产条件下,假设产品流通速度不变,货币供应量一般取决于社会总产品数量。而虚拟经济通过交换提高了商品附加值,这部分商品附加值也需要一定的货币供应量,随着商品附加值的膨胀,货币供应量也不断膨胀,货币供应量远远大于社会总产品数量,从而使货币不断贬值,触发巨大的金融风险,导致金融危机。有人认为是货币投放量过多、金融资产质量低下、金融资产价格膨胀、币值高估或低估等原因造成了虚拟经济成分,这些从货币管理技术层面的分析有一定的道理。哈耶克认为,为避免由此产生金融恐慌,"我们必须授予货币当局一定的自由处置权,……必须努力恢复调节货币数量的一定的自动机制"。① 这样的做法可以在一定程度上保证经济健康,缓解产生金融危机的压力,但是并不能改变因为过度交换而使虚拟经济膨胀的事实。

　　这种不以消费为目的的交换何以可能? 因为资本有逐利的本能欲望。如果说传统资本主义通过不断生产商品来追逐利润,那么现代资本主义能够源源不断地生产出需求来追逐利润。现代资本主义鼓吹人的欲望,生产人的需求,从而使交换不断地进行下去。实际上,这些已不再是人的欲望,而是资本自身的欲望,力求增殖扩大自己的欲望。传统经济中,交换主要基于两种需求:满足生理欲望的自然需求和劳动培养的需求,这两种需求一般是稳定的可以估计的需求。即使是劳动产生的对卓越技艺的追求和对美好

---

① 《哈耶克文选》,冯克利译,江苏人民出版社 2007 年版,第 134 页。

记忆的回溯的艺术需求,表面看上去毫无节制,如 1990 年凡·高的油画《加歇医生像》拍卖了 8250 万美元,实际也是有章可循的。艺术品价值与社会总产品价值成正比,与自身出现的概率成反比,艺术品价值＝社会总产品价值/该物出现的概率。而资本增殖的欲望与这两者相反,是无法用理性估计和衡量的,它的本性是不稳定的、力求膨胀的,已经脱离人的控制力而趋向无限了。

　　总之,虚拟经济不是资本主义发展中人为设计的产物,而是资本逐利本能的欲望使然。这次经济危机不是因为美国房地产巨大的经济泡沫,也不是为解决次贷问题而泛滥的各种金融衍生品,它乃是资本欲望无限膨胀而驱使不断交换去追逐利润的必然性所致,是资本主义无法克服的缺陷。虚拟经济是已经异化后的资本自我异化的结果,也是人类本质力量的进一步异化。在人类历史中,劳动使人获得了本质力量,并使这一力量不断扩大,而资本主义体制下却使这一力量异化并脱离人而独立存在,独立的力量不断扩大后进一步异化,并使自身成了虚拟化的存在。这是一种更深层次的双重性异化。双重性异化是指异化后的主客体双方又一次异化,而不是相互转变的异化。资本力量主体异化为虚拟力量主体,被控制的人类从反抗异化的状态异化为自觉自愿的追求异化的状态。双重性体现在异化过程的不稳定性,即资本力量被异化为主体之后又失去了主体地位。双重性异化体现了人类主体性的彻底沦落,被异化的人类主体失去了主体性地位,并且完全放弃了回归主体性的要求。双重性异化是异化的极端形式,意味着消解了异化双方之间的对抗性,意味着主体无法在否定之否定的过程中通过扬弃一定的形式来实现自己的本质。全球化的资本主义使整个人类面临资本力量的宰制,而资本胁迫人类去追求并不存在的虚拟力量——可以说,经济危机的实质已不在于本身所具有的一些破坏性,而是作为一个根本危险的信号:人将在虚无化的力量统治下彻底丧失自己的本质。

6.4　高度通约性——资本力量发展的现状和本质特征

　　资本力量在政治领域和经济领域遭受的挫折,使得它开始反思自身的弱点和控制对象——人类的弱点,从而结束了垄断资本主义要求高度同一的强硬统治时代。就资本力量而言,它唯一的目的就是追求增长。与此目的无关的领域扩张反而给自己带来不必要的麻烦,因而战后资本主义国家出现了高度民主自由的局面,各国共产党在议会选举中获得一定的席位,甚至出现了通过选举成为社会主义国家的情况。① 对社会主义国家的态度从敌对冷漠转向合作交往。资本力量表面上的控制力全面退缩,使得人们感到前所未有的自由,工作时间更短,假期增多,社会保障使得对物质依赖感大大减弱。资本力量为了消除人们的抵抗情绪,尽量把自己从主宰者伪装成人类的附属物。人类的主体意识增加了,好像异化现象已经不存在了。资本力量渗透到人类文化的方方面面,精神产品按物质价值进行归类,而文化变成了精神的休闲和按摩,"晚期资本主义文化就是美国文化,美国不断生产出来的娱乐文化在当今世界占支配地位"。② 而资本力量为了证明自己的存在合理性,不惜和基督教扯上关系,因为上帝提倡马太效应:"凡有的,还要加给他叫他多余;没有的,连他所有的也要夺过来。"③资本逐利的行为符合人类的天性,而且财富只有在作为资本去纯粹的逐利时,才具有伦理上的正当性。"仅当财富诱使人无所事事,沉溺于罪恶的人生享乐时,它在道德上方是邪恶的;仅当人为了日后的穷奢极欲,高枕无忧的生活而追求财富时,它才是不正当的。但是,倘若财富意味着人履行其职业责任,则它不仅在道德上是正当的,而且是应该的、必需的。"④资本力量表面上的控制力的收缩,给自己的统治地位奠定了一个良好的基础,人类获得了多元化的生存空间和选择自由,其实已经被单极的资本逻辑所决定。

　　我们回顾一下力量的本性:力量表现自己本性的方式必然会是分散开来,设定为形形色色持存的存在者。所以资本力量的持续发展必然会出现这样的情况,商品种类的丰富和生存选择权的增加。而因为力量本性的单一,持存的存在者的存在形式外在于它的本性,从而必然地要扬弃这些存在形式返回到自身。所以这些多元化选择实际蕴涵着一种共通之处,即它们始终要回到力量的本性中去。多元化就意味着通约性的存在,多元化程度越加深,则越需要更强通约性,当代资本主义给人类带来前所未有的多元化选择,意味着进入了一个高度通约性的时代。

---

　　①　注:摩尔多瓦共产党人党于 2001 年、2005 年在议会选举中两次取胜,连续成为执政党。

　　②　詹明信:《晚期资本主义的文化逻辑》,陈清侨等译,生活·读书·新知三联书店 1997 年版,第 45 页。

　　③　《新约全书》(马太福音第 25 章),William Tyndale 著,Wordsworth Editions Ltd,2002。

　　④　韦伯:《新教伦理与资本主义精神》,阎克文译,上海人民出版社 2012 年版,第 93 页。

商品生产是资本增殖运动的内涵逻辑,资本力量通过迫使劳动者将力量对象化固定在商品之内,从而达到使异化力量得到增长的目的。在这过程中如何有效率地对象化,成了早期资本主义的首要目标,即商品的大规模生产在市场需求不足的情况下,数量越多越能获得高额利润,而在市场饱和之后数量越多意味着利润率越低。于是科学技术和各种奇思异想的创新使得各种物质商品琳琅满目地充斥着货架,现代社会商品的多元化是刺激消费点扩大利润的有效手段,虽然有些样式的商品已经远远超出了人类可接受的范围。甚至,商品的多元化成了人类可认识世界的范围,资本力量的伪造品成了自然物,商品多元化成了资本力量实现本性的极限,在某种程度上实现异化统治的领域。当代资本主义生产的商品范围比以往有所增加,明显的趋势的是服务行业作为商品种类比例上升。鲍德里亚认为,资本主义"不管其表象如何,本身就是一种生产机制——它生产交流、服务的人际关系。它生产社交性"。商品式的服务使得服务的内容被异化了,"因为这种新设社交性、这种'灿烂的'关切、这种热情的'气氛'恰恰不再含有任何自发性"。① 资本力量的生产机制将"人与人之间的关切行为"投入货币的冰水中。家政服务使得人类原始的生存操劳体验也丧失了,甚至有的经济学家提出,女性为家庭所付出的劳务也应该算在 GDP 之中。这些伟大的经济学家必然会开创人类历史的新时代,因为按照这种逻辑,女性在和她们的丈夫过完性生活之后应当收取一定的费用来增加经济总量。商品多元化趋势体现在社会生活的各个方面,萨米尔·阿明说:"资本主义生产模式是第一个以普及化价值为基础的社会体系:一切社会生产,比如劳动和人力资源,都开始成了商品。"②劳动成为商品是资本力量得以增殖的奥秘所在,马克思已经在《资本论》中有过详细论述。人力资源成为商品是现代社会的新观念,它意味着人类所有潜能和天赋、历史经验的积累,以及肌肉力量,都被彻底商品化了。马克思论述劳动成为商品,是指在工作时间内一定的体力和智力的结合,而人力资源则彻底地将人看成资本力量增殖运动中的一环,相当于"完全劳动力"的概念。与劳动者相对照,资本家的概念也有所变化,资本家严格来说也是人力资源,是资本力量用一定的代价雇佣来为自己如何更好地增殖提供决策的。资本家的身份从资本力量的掌握者变成了资本力

---

① 鲍德里亚:《消费社会》,刘成富、全志钢译,南京大学出版社 2008 年版,第 182 页。

② 阿明:《资本主义的危机》,彭姝祎译,社会科学文献出版社 2003 年版,第 316 页。

量的代理,甚至,法律的归属关系也不能决定资本家和资本的主奴关系,因为资本家"用财富追求享乐是罪恶的",用财富履行职业道德去追求财富才是正当的。资本力量完全控制了资本家,商品生产的多元化的极端就是一切资源和人力的商品化,不仅包括劳动者,连资本家本身也成了商品。因为"商品形式在人们面前把人们本身劳动的社会性质反映成劳动产品本身的物的性质,反映成这些物的天然的社会属性,从而把生产者同总劳动的社会关系反映成存在于生产者之外的物与物之间的社会关系"。① 资本力量越是把更多的东西变成商品,那么它们之间的相似性和通约性就越大。因为这些社会关系变成了物与物之间的关系,它们的联系用货币就可以完成。所以,商品的多元化意味着价值的单一化,高度多元化的商品预示着高度通约性社会的到来。

　　需求的多元化并不完全是商品多元化的结果。就是说,商品种类繁多的情况并不扩大人们去选择的意愿。需求反映了主客体之间的价值关系,主要取决于主体自身的价值判断和心理意愿,而商品的多元化只是表明可选择权的增加。那么,为了使这些商品成为人所需要的有价值物,资本主义生产机制就必须源源不断地生产人们的需求。在资本主义发展初期,为了资本积累压抑人们的需求;在大工业时代,批量的商品生产使得资本主义只须在纯粹数量意义上增加人们的需求程度。而在当代资本主义生产模式中,特别是在商品种类和数量远远超越人们需求的前提下,如何刺激疲软需求的一个重要方式,就是尽可能使需求越来越多元化。资本主义在扩大人们的需求种类的问题上绞尽脑汁,品牌、时尚、地域主义、民族主义,甚至是完全不符合社会规范的变态心理,都被大张旗鼓地宣称为符合人类天性的需求。广告是一种资本主义扩大需求的大规模生产机制,广告是"产品丰富的幻影,但更是无动机潜在奇迹不断重复的保证",它"改变其作为经济约束方案的形象,并维持其作为游戏、庆祝、漫画式教诲、无私社会服务的虚构形象,由此自然而然地演绎而来。甚至会有限度地对消费者玩弄挑衅、说反话的把戏"。② 广告煽动着攀比、嫉妒、自私的占有欲等阴暗心理,因为仅靠健康的社会需求和心理需求已经不能实现需求多元化的目标了。广告充分调动起马斯洛需求层次理论中的各种需求,并一一加以夸张式的放大。豪华

---

① 马克思:《资本论》(第一卷),中央编译局译,人民出版社 2004 年版,第 89 页。

② 鲍德里亚:《消费社会》,刘成富、全志钢译,南京大学出版社 2008 年版,第 186 页。

别墅和跑车是男士自我实现的最高价值,而女性精致和敏感的天赋,天然地与物品达成某种亲密关系。即使明知道这是"商品美学制造出来的假性需求",但是仍然明知故犯。《第凡内早餐》的女主人公郝莉一边吃面包、一边看着陈列柜中的第凡内项链,她总是希望面前有拆不完的礼盒,希望同那银餐具和鳄鱼皮夹的好闻气味在一起。① 在需求多元化的生产中,使人们心理发生转变,从被动的物化转向主动的物化。生存安全感缺乏也能造成巨大的需求,例如国内前些年发生的抢盐风波。商场是人们的视觉、听觉和嗅觉的集中场所,通过炫目的光彩、甜美的声音和诱人的香水刺激人们的新需求。超市将商品摆放在人们唾手可得的地方,通过降价和划卡来刺激人们的占有欲。人们发现,他们买回许多商品不是因为正常生活需要,而是因为价格低于价值的市场理性判断。但因为人不可能成为"完全理性人",所以经济学家们研究怎么利用这些非理性弱点刺激消费,比如人在得利时的保守心态和失利时的冒险心态。现在资本力量的增殖中大部分都是由消费来推动的,所以一些经济学家和社会学家宣称已经进入了消费社会。消费社会并不是一种新的社会模式,或资本主义质的变化。消费社会和生产社会遵循着相同的资本逻辑,消费社会实际上就是生产社会的变体。马尔库塞说:"发达工业社会的显著特点是,它有效地窒息了那些要求解放的需求——也是从可容忍的、报偿性的和舒适的东西中解放出来——同时它维护和开脱富裕社会的破坏力和压制性功能。"②消费社会中需求的多元化隐含着一种对真正需求的排斥,一种人类要求自由和解放的需求的排斥。在这个意义上说,消费社会需求的多元化实际上是对需求的压制,这些各式各样的需求实际都是虚假的需求、违背人性的需求。它们实际上都是那个唯一的资本力量增殖自身需求的繁衍体,需求的多元化程度越高,那个资本需求代替人的真正需求成为单一需求的可能性越大。需求的高度通约化同时也表明了资本主义社会中各种需求的非现实性。

资本主义全球化趋势的原因是经济扩张要求世界范围内的资源和市场,然而现在全球化却另有其意,全球化意味着信息高速传递后带来的物理空间的缩小。这主要得益于第三次科技革命带来的信息与控制技术的发展。信息是资本主义现代化生产中不可或缺的因素,可以说信息本身就是

---

① 参阅杜鲁门·卡波特《第凡内早餐》一书。

② 马尔库塞:《单向度的人》,刘继译,上海译文出版社 2008 年版,第 8 页。

生产力。在经济活动的总量中,信息、电信和视听这三者已经占到了全球产品总值的 8%~10%,超过了汽车工业所占的比重。信息带来人类理解世界方式的变革,控制论创始人维纳认为:"信息是人们在适应外部世界,并且这种适应反作用于外部世界的过程中,同外部世界进行互相交换的内容的名称。"①维纳对信息本质的观点构成卡尔·波普(K. R. Popper)基本同时的"三个世界"理论之一。物质、能量和信息三位一体,共同改变了原有世界的图景。② 信息高速传递的后果,不是信息之间的相互泯灭、趋向单一化,而是在这种传递中产生更多的信息。信息的多元化使得信息逐渐积累下来成为知识,信息技术的发展使得积累进程异常快速,这就是通常意义上的"知识大爆炸"。对信息的渴求来源于人类思想本能,"思想需要通过不断地赋予数据以意义来使它所处的环境有意义。因此,精神生活便是对原始语义空虚恐惧(horror vacui semantici)的成功反攻:无意义(用非存在论者的话便是'尚未有意义')的混沌威胁着要把自我撕成碎片,要把它淹死在自我视为虚无的异化的他者的深渊"。③ 但信息的多元化使得人们在接收方面无所适从,逐渐陷入了被隔绝的自我封闭状态。异化状态造成了一种现代意义的悖论:人们接收的信息知识越多,他们就越无知。信息的多元化构成的赛博空间——虚拟世界加深了人类异化状态。对真实世界的判断力取决于一大堆信息数据,代表着人类精神敏感度的退化。正如广告等大众媒介肆意宣传而突显的信息泛滥,资本主义社会信息高速流通的背后掩藏着一种垄断,一种对真实世界信息接收的垄断。它已成为资本力量控制人类力量的一种新工具。资本主义信息多元化的动力取决于资本力量增殖过程中必须加快生产运转周期、提高利润率的基本要求,其实质也是资本力量本性的一种外化,只不过这种外化设定的存在者并不具备物质形态。信息的多元化同样意味着通约性,貌似完全不同的信息表达着同一个意思:如何使人心甘情愿地生活在资本力量统治的世界。

现代社会的多元文化应称之为晚期资本主义的文化。詹明信受经济学家恩斯特·曼德尔的启发,对资本主义作出了如下划分:第一个阶段是"市场资本主义",第二个阶段是"垄断式资本主义",第三个阶段是"跨国资本主

① 维纳:《控制论》,郝季仁译,科学出版社 2009,第 15 页。
② 参阅波普尔:《科学发现的逻辑》,查汝强等译,中国美术学院出版社 2008 年版。
③ 弗洛里迪:《什么是信息哲学》,《世界哲学》2002 年第 4 期。

义"或"晚期资本主义"。晚期资本主义的文化逻辑就是以后现代意识为主导的文化形态。根据詹明信的归纳,后现代文化主要有四个特征:(1)缺乏深度。当前社会以"形象"(image)及"摹拟体"为主导的新文化形式,给人以"无深度感"。(2)浅薄的历史感。学者跟"公众历史"之间的关系越来越少。(3)"精神分裂"式的文化语言。受拉康以语言结构分析弗洛伊德的"潜意识"的方法影响,在一些表现时间经验为主的艺术形式中产生了新的语法结构和句型关系。(4)具有情感的"强度"。明显地受到康德论述的"崇高"的形式美学的影响。① 后现代文化更表现出鲜明的个人主义特征,经历过"二战"洗礼的知识分子普遍地对现代文化中的"同一性"产生恐惧心理,认为要摆脱形而上学的桎梏就必须恢复个体的思想自由。后现代文化试图通过对"现代性"的批判来建构理论,既有"现代性的完成"、又有"现代性的失败"的论调,基点在于对启蒙运动以后的"现代性"理解是否准确。对此萨米尔·阿明针对性地说:"现代性永远有待完成,只要人类存在它就存在。"而现代性的成就显而易见,单靠负面效应就归结为现代性的失败,正好证明后现代文化是一种缺乏深度的论调。"后现代主义是一种消极的空想(与号召人们行动起来改造世界的建设性空想相反)。它表达的始终是屈从现阶段资本主义政治经济要求这样一种意愿,总试图以'人道'的方式——空想——来管理资本主义制度"。② 理论上,后现代文化的多元化并不简单意味着文化种类的繁多,而是文化结构的多层次性和文化之间的异质性。所以后现代文化同时也是多元文化。多元文化隐性的深处实际上仍然受资本力量的扩张逻辑的影响。这种表面的繁荣和多元的自由是资本力量有意识地收缩统治权的结果。资本力量用这种方式来消解人们的抵抗意识,进而完成潜意识的文化心理渗透。这也是为什么后现代文化缺乏对自身的批判力的原因,因为资本力量有意识地放任其多元化的结果,是后现代文化在这种漫无边际的自由中找不到任何赖以评判的标准。所以后现代文化只能流于浅薄的"自说自话"式的个人情感表达,且这种不规则的表达难以被公众理解,所以缺乏历史性。难以被"他者"所理解,所以主体之间出现了认知障碍。甚至难以被自己理解,所以主体自身"精神分裂"。后现代的多元文化受资本

---

① 詹明信:《晚期资本主义的文化逻辑》,陈清侨等译,生活·读书·新知三联书店 1997 年版,第 433 页。

② 阿明:《资本主义的危机》,彭姝祎译,社会科学文献出版社 2003 年版,第 72 页。

逻辑的控制仍然会表现出高度通约性,这种特性有意无意地总会出现在现实当中。马尔库塞论述了现代资本主义的文化现状:技术的发展使高层文化与现实同一起来,工业社会使高层文化失效,现实超越并否定了高层文化,使它成了物质文化的一部分,文化中心成了商业中心或市政中心的合适场所。①后现代文化打破了文化等机制的古典状态,多元文化实际上一直会处于同一平面上。物质文化就是一种平面文化。这种张扬个性自由的后现代文化背后站立着高度通约性的商业价值,它深思熟虑的高明表达不过是商业文化的点缀,一种资本主义物质欲望得到满足后的闲暇状态和不安于舒适生活的无病呻吟。

通约性是所有力量衍生体的本质属性,因为它必然地被规定于力量返回自身的本性之中。现代资本力量将世界历史和人类生活都无一例外地投入到复杂的多元化之中,因而它必然地需要高度通约性作为回归单一性的准备。德勒兹和瓜塔里这样描述资本主义:"经济构成了一个世界性定律,一种'从每个限制性条件和契约中洋溢出来的普遍的世界性能量',一种流动的、可转换的物质'年生产总值'。"②通约性不仅代表着资本力量能够扬弃自己的外化形式并实现本质,也代表着资本力量的对以往所有力量的征服和占有,那些自然力、自发性人力以及一切前资本主义力量构成的习俗和社会规则,在资本力量高度通约性的面前都被击得粉碎。资本力量将这些力量纳入到资本主义的生产轨道上来,资本力量有能力建立一套新秩序和社会规则。高度通约性是现代资本主义社会的本质特征,不仅包括以上提到的商品、需求、信息和文化四个方面,也包括社会生活的其他方面。并且,这些方面相互之间通过高度通约性的连接而变成了暂时的区别。

6.5　资本力量的未来和人类的命运

在政治领域,资本力量在全球性扩张中遭遇了民族国家的激烈抵抗,于是它隐藏自己的真实目的,伪装成民族国家的经济工具。实际上是将政治

---

① 马尔库塞:《单向度的人》,刘继译,上海译文出版社 2008 年版,第 77 页。
② Deleuze, G. and Guattari, F. (1987) *A Thousand Plateaus*: *Capitalism and Schizophrenia*, Trans. B. Massumi. Minneapolis: University of Minnesota Press. p.453.

决策权出让给民族国家,然后利用民族国家的扩张来达到自身的扩张。可惜它的如意算盘打得一塌糊涂,民族国家在攫取了权力后按照自己的逻辑去发展人类集体力量,反过来对付限制其发展的资本力量,极权主义的暴力使资本力量遭受了前所未有的重创,这是资本主义自由放任态度种下的苦果。暴力必然地包含于那个要求增殖的绝对目标。资本力量在规避极权主义的暴力方面汲取了经验,另一方面社会主义有组织的集体主义抗争也给资本力量在如何缓和与人类力量之间的矛盾提供了经验。资本力量转而在文化和心理领域去消解人们的存在意识和同化价值观念,以达到平稳快速发展的目标。二战后资本主义社会矛盾重重,但政治上的集体主义抵抗逐渐衰弱,尽管无产阶级和资产阶级仍然是基本阶级,但是资本主义的发展已改变了这两个阶级的结构和作用,即它们不再以历史转变的动力出现,一种维护和改进现存制度的共同利益,使从前敌对的阶级联合起来,质变的概念让位给进化的概念。马克思曾经给予厚望的能够暴力推翻资本主义、建立新世界的那个无产阶级,如今正在为争取更多的工资和福利与资产阶级讨价还价,并将其行为定位于对资本主义改造的总体目标。在马克思看来,阶级是具有特定历史含义的:"一个阶级是社会上占统治地位的物质力量,同时也是社会上占统治地位的精神力量。"[1]而霍奇等战略家主张工人运动追求多重目标,促使劳工关系法认可个体经营的权利,使得阶级逐渐变得多样化,转向"阶层"概念。资本力量对人类的同化政策取得了巨大的成功,突出表现在新自由主义思潮的盛行,原先的国家干预政策是对市场自由的侵犯,只要放任市场自行调节就能达到资源的合理配置。人们坚信现在的制度就是永恒的社会模式,在这个社会中每个人都是平等自由的主体,所以只要坚持私人自由不被侵犯,社会就自然而然地成为"自由王国"。哈贝马斯论述了现代资本主义社会政治领域的两个新趋势:一是公民的利己主义——即不过问政治,只关心职业、闲暇和消费的态度;二是通过精英理论或技术统治论来证明公共领域的结构上的非政治化。[2] 这些趋势表明了资本力量在政治领域的阻力大大减小,大规模的抵抗运动似乎已经不太可能。只要人们能"自由"地支配自己的意志来服从资本力量的逻辑,那么资本力量就能够走上毫无拘束的无限增长的运动轨道。

---

① 《马克思恩格斯选集》(第一卷),人民出版社 1995 年版,第 98 页。

② 哈贝马斯:《哈贝马斯精粹》,曹卫东选译,南京大学出版社 2004 年版,第 244 页。

　　在经济领域,资本力量在扩张过程中经历重重危机后汲取经验。早期资本主义遇到的主要问题是有效需求不足,这与积累阶段提倡人们节制消费欲望的社会风尚有关,当然更重要的是分工和私有制造成了劳动者不能完全享有自己的劳动产品所致。社会生产力快速增长和购买力缓慢增长的矛盾日益加剧,而且这一趋势越来越明显,于是资本力量开始在刺激需求疲软方面做大量工作,带来的后果是大量的投机倒把和金融诈骗。过剩的需求造成了 20 世纪 20 年代资本主义世界的表面经济繁荣,但随之而来的就是 1929—1933 年的经济大萧条。表面的需求过剩其实质仍是需求不足,刺激需求政策实际上是将需求不足的情况向后推延,这只能造成更严重的需求不足和更大的经济泡沫。资本力量传统的增殖模式——扩大生产和刺激需求双方面的努力都归于无效后,资本力量试图寻找新的出路,货币的符号化和各种生产关系的虚拟性也提供了某种便利,不以消费为目的的交换在生产机制中越来越盛行,它并不关心商品的使用价值,而只对交换价值感兴趣,资本力量在追求增长的过程中并不关心是否是实际力量增长,一味地追求增长的数据。这表明了资本力量的虚无化进程。实体资本比重的减少是否最终会导致人类生活的困难,现在尚未可知。另外,资本力量在经历危机后寻找新的经济出路,于是在传统模式之外展开新的经济研究,“新工业地理学”、“新经济社会学”以及“新制度经济学”等等层出不穷。现代资本主义社会的经济领域新趋势是资本力量开始注重个体企业经济的研究,企业动机、企业文化和企业理念等成为新的关注点。汤普森说:“建议不要把企业或企业行为设想为一个相对来说是性质相同的、有机的、以一般核算主体为代表的功能单位,而要把企业或企业行为当作性质相异的、不统一的、零散的单元或社会结构。”①这种企业经济研究不仅仅是个体经济研究模式,而且要求与以往宏观经济研究背景丝毫不能扯上关系。关于个体的经济现象研究取代了以往大规模经济制度的研究,经济学意识到自己的任务不是再对资本主义制度本身有任何异议,而是在技术细节方面让这个制度更加功能完善,客观上维护了资本力量追求无限制增长的最后目标。

　　在思想领域,后现代主义无法承担起批判资本力量的异化事实,毋宁说后现代主义正是这个异化事实的一部分。它只是流连于资本主义社会各种

---

　　①　Thompson, G. (1986) *Economic Calculation and Policy Formation*. London: Routledge, pp. 176-177.

现象的描绘,而不能从中跳跃出来作一种整体性的反思,反思就是将"我"从对象中独立出去,或者是从"我"自身将对象独立出去,在这种分离中以期对反思对象有一个客观的认识。后现代主义无法跳跃出来的原因是自身的无力,这种无力状态又是根深蒂固地决定于资本主义环境中人类与自身的本质力量的剥离。思是自由的,但思是无力的。因为无法到达真实世界,他们能感觉到的存在是自己的文字符号与语言结构。罗蒂提出了著名的哲学"语言学转向"。[①]德里达用"延异"斩断了文字与语言学的关联,文字作为符号的符号其意义永不固定,不断地改变其形象,在时间的延宕和空间的分延中形成丰富多彩的语言游戏。语言游戏颠覆了语音中心主义和逻各斯中心主义,"中心"成了"边缘化的碎片"。[②]利奥塔强调后现代主义是对现代主义"元叙事"、"宏大叙事"的怀疑。[③]因为思想的无力,它只能退缩在"个人叙事"的真实性上。吉登斯遵循着"双面诠释"的规则,认为社会学是在已构造了的意义框架上运用独特的理论概念和术语进行再认识和再解释。后现代主义总体上在社会的各种形象和摹拟体中徘徊,因而思想丧失了甚至是主动放弃了把握真实世界的可能。这使得文化在表面上异常繁荣,思想在"自由"、"宽容"的气氛下变得异常活跃和叛逆,但这种多元化的思潮所批判的"绝对同一性"、"形而上恐怖"丝毫不涉及资本力量的统治地位,毋宁是说,后现代主义批判的是以往观念中根深蒂固的"形而上学残余",而这些残余恰恰是资本力量在建立起自己的绝对统治之前所要扫清的。

　　不论从什么领域来分析,资本力量不断增殖自身的目标都将是板上钉钉的事实。从资本力量的发展趋势中可以看出,资本力量的未来不容乐观。资本力量的无限制增长可能会带来三种结果:一是资本力量永远开放式地增长下去,直至同化整个世界,使世界成为资本力量的世界,资本力量成为整个世界的唯一本质。甚至这种增长超出了现有世界的边界、拓展了世界的范围。二是资本力量增长到某一个临界点,由于自身的重力开始收缩,收缩的速度和原先增长的速度一致,最终在若干时期以后收缩到极限,破坏了资本力量自身承力结构而开始坍塌。坍塌是一种形象化的说法,资本力量丧失原有结构后究竟会产生怎样的异变,会不会像物理学的黑洞一样完全

---

①　参阅罗蒂《语言学的转向》一书。

②　德里达:《声音与现象》,杜小真译,商务印书馆 2010 年版,第 97 页。

③　利奥塔:《后现代状况——关于知识的报告》,湖南美术出版社 1996 年版,第 106 页。

吞没周围一切？到现在还未可知。三是资本力量不断地在封闭式的膨胀—
收缩的循环运动中,在某一临界点由于重力开始收缩,又在某一临界点由于
张力开始膨胀,类似于尼采所说的力量不断运动变化生成的永劫轮回。但
尼采指的是真正的本质性力量,永劫轮回是世界运动的真实状态。而资本
力量的循环运动等于是要将异化永远存在下去。上述三种情况无论哪种出
现,对人类来说都是难以接受的。

那么,人类的命运已经无可改变地被决定了吗？人们不用抱着资本力
量可能会自行解散的侥幸心理,因为资本主义是"铁板一块"。资本主义是
一个高度统一的政治经济结构,不可能被零敲碎打地分化瓦解或逐步取代。
一种局部改进或片面改进的方式始终是脆弱无力的,局部改进和片面改进
的任何努力都将被资本力量以另一种规模或者另一种程度的努力所抵消。
而从整体上进行彻底的革命,且不说联合时各种人为因素对集中力量的削
弱,即便是全人类完全清醒并无私地贡献自己的全部力量,其总和也超不过
全球资本力量的规模。那么,让一个巨大的异化物统治我们并在压迫中窒
息？我们怎么才能跳出资本力量的领地？只有在固定的领地空间才有跳出
的可能。史密斯和卡茨认为,资本力量"通过能动的、历史的构造和重建'资
本主义父权制和种族主义的帝国主义',绝对空间的所有部位都被保持相对
的状态"。[①] 德勒兹和瓜塔里通过不断野生蔓长的"块茎"思想,将原有的本
体撕裂并使之混沌不清。资本主义的领地本质是动态的空间,"动态的空间
是匀和的,或不固定的。一个物体可以出现在任意点,而且可以移向其他任
意点。它的分布方式遵循这样的规则和理念:把自己安顿在开放的空间
里"。[②] 资本力量的领地呈现开放状态:我们起跳的位置和筹划的落点都将
无可非议地纳入到这个动态空间。事实上,在其中我们无论转向何处,总会
遇上资本力量这个本体。无论是社会主义、极权主义还是后现代主义的反
思,任何反叛行为的空间拓展最后都会被资本力量所填充进,而变成资本主
义的领地。事实上,历经反抗运动的资本力量已经获得了相对的免疫力,当
下我们自认为有深度的批判也被资本力量当作病菌轻易杀死。既然任何主
动的努力都是徒劳无益,吉布森和格雷汉姆认为我们现在能做的就是等待

---

① Smith, N. (1984) *Uneven Development*. Oxford: Basil Black-well. and Katz, c. (1993)
Grounding Metaphor: Towarda a Spatialized Politics, p. 79.

② Massumi, B. (1987) Translator's Foreword: Pleasures of Philosophy. In Deleuze, G. p. 13.

革命。[①]　在强大的资本力量面前,反抗奴役的最好选择是主动被奴役。如果我们不能积极地反抗,那么就积极地促进资本力量的发展进程以便看到结果。等待革命就是积极准备,以等待一个上帝的降临,这个救世主将扫荡一切异化力量并使我们恢复本质。实际上,资本力量的无限制增长正预示着这样一个趋势:一个伟大的阻力的到来,并最终使一切复归平衡。只要在这种严酷的环境下生存下来就有希望,这是一直以来保持的希腊哲学理论的乐观精神所在:

τα . . . μεγαλα παντα επισφαλη . . .
"所有伟大的事物都矗立在暴风雨中……"

——柏拉图

---

①　吉布森—格雷汉姆:《资本主义的终结》,陈冬生译,社会科学文献出版社 2002 年版,第 315 页。

结　　语

　　如果社会的现实状态就是零乱、无序和毫无目的的发展,那么用后现代主义来装点我们的头脑就足够了,何必用绞尽脑汁的苦思冥想来使愉快的生活变得压抑呢?但是异化的资本力量逐渐控制奴役人类的事实,纵使我们闭上双眼也不能得到任何改观。呼唤那个使我们真正存在的力量,呼唤那个使思想重新有力,使人类重新占有异化力量、回归本质的力量形而上学,就显得异常迫切和紧要。

　　在导言中,本书谈过用思想概念去规定力量的尴尬:一旦如此这般去认识力量,那么认识到的只是思想的本质而不是力量的本质。而用感性方式去体验力量,又不能完全体验到力量的全体。对此我们不禁要问:难道真的没有别的方式了吗?一种新的可能性就开启在貌似无能为力的绝境中。在形而上学的历史回顾中,我们发现思想和力量始源地结合在一起,原本是同一个东西,只是由于理念主义的发展它们才开始分离开来,走向了两个极端:用思想规定力量和用力量规定思想。现在我们之所以处在这样的尴尬境地,乃是因为历史的长期误解。恢复力量进入人类本真的生活状态,更重要的是恢复长久以来被遮蔽了的思想与力量的亲缘性关系。力量的形而上学是指这样一种关系:力量有理性地展开自己,理性积极有力地建构自身。这是一种双向性且完全同质的一个过程。资本力量的无限制增长也许永无终止,现实中人们明知这种异化状态却又无能为力。马克思设想的将人类力量联合起来的集体主义抗争方式,终究难以抵挡那个积蓄已久并高度同化的资本力量。是本质先于存在?还是存在先于本质?取决于我们如何正视生命的创造力,人类通过创造性从万物中凸显出来,同样可以因为创造性的泯灭而归于沉寂。马克思批判现实的自信可能过于充足,但是他试图唤起人们对真实的、自由的生存状态之渴望的目标永远不会过时,在现代性里会展开多重交错甚至是碎片化的思想维度,一个丰富、轻盈的生存之可能性正在降临。

　　本书是笔者在博士论文的基础上修改完成的。时隔四年,有许多观点已经和当初大相径庭,本来试图做成一个严格的形而上学体系的念头也随时间消散了,但探索的激情不会褪色。本书可以看作是基于"力量"概念的一套非理性主义的系统理论,也可以看作是对马克思主义哲学的一次独特的解读。最后,感谢提出许多宝贵意见的老师及同事!

索　引

参考文献

A．中文参考书目：

1. ［古希腊］赫西俄德．神谱［M］．上海：上海人民出版社 2010 年版.

2. ［古希腊］荷马．伊利亚特．罗念生全集［M］．上海：上海人民出版社 2004 年版.

3. ［古希腊］荷马．奥德修记［M］．上海：上海译文出版社 2008 年版.

4. ［古希腊］柏拉图．理想国［M］．北京：商务印书馆 1986 年版.

5. ［古希腊］柏拉图．巴曼尼得斯篇［M］．北京：商务印书馆 1982 年版.

6. ［古希腊］柏拉图全集［M］．北京：人民出版社 2003 年版.

7. ［古希腊］亚里士多德．形而上学［M］．北京：商务印书馆 1959 年版.

8. ［古希腊］亚里士多德．物理学［M］．北京：商务印书馆 1982 年版.

9. ［古希腊］亚里士多德．尼各马可伦理学［M］．北京：商务印书馆 2003 年版.

10. ［古希腊］亚里士多德全集［M］．北京：中国人民大学出版社 1990 年版.

11. ［古希腊］色诺芬．回忆苏格拉底［M］．北京：商务印书馆 1984 年版.

12. ［罗马］奥古斯丁．论自由意志［M］．上海：上海人民出版社 2010 年版.

13. ［罗马］第欧根尼．明哲言行录［M］．长春：吉林人民出版社 2011 年版.

14. ［罗马］塞涅卡．强者的温柔［M］．北京：中国社科出版社 2005 年版.

15. ［意］马基雅维利．君主论［M］．北京：北京出版社 2007 年版.

16. ［英］培根．新工具［M］．北京：商务印书馆 1984 年版.

17. ［英］培根．培根论说文集［M］．北京：商务印书馆 2001 年版.

18. ［德］施瓦布．希腊神话故事［M］．西安：陕西师范大学出版社 2002

年版.

19.［罗马］奥古斯丁.论自由意志［M］.上海:上海人民出版社 2010 年版.

20.［英］邓斯·司各脱.论第一原理［M］.上海:华东师范大学出版社 2008 年版.

21.［德］尼采.查拉图斯特拉如是说［M］.上海:上海人民出版社 2009 年版.

22.［德］尼采.偶像的黄昏［M］.北京:商务印书馆 2009 年版.

23.［德］马克思.1844 年经济学哲学手稿［M］.北京:人民出版社 2000 年版.

24.［德］海德格尔.存在与时间［M］.北京:生活·读书·新知三联书店 2006 年版.

25.［德］海德格尔.林中路［M］.上海:上海译文出版社 2004 年版.

26.［德］海德格尔.路标［M］.北京:商务印书馆 2000 年版.

27.［德］海德格尔.尼采.上下卷［M］.北京:商务印书馆 2008 年版.

28.［德］海德格尔.演讲与论文集［M］.北京:生活·读书·新知三联书店 2005 年版.

29.［德］海德格尔.谢林论人类自由的本质［M］.北京:中国法制出版社 2009 年版.

30.［德］海德格尔.形而上学导论［M］.北京:商务印书馆 2005 年版.

31.［德］海德格尔.面向思的事情［M］.北京:商务印书馆 1996 年版.

32.［德］海德格尔.在通向语言的途中［M］.北京:商务印书馆 1996 年版.

33.［德］海德格尔.存在与在［M］.北京:民族出版社 2005 年版.

34.［德］海德格尔.思的经验［M］.北京:人民出版社 2008 年版.

35.［德］海德格尔.时间概念史导论［M］.北京:商务印书馆 2009 年版.

36.［德］海德格尔选集.上下卷［M］.北京:生活·读书·新知三联书店 1996 年版.

37.［德］吕迪格尔.来自德国的大师［M］.北京:商务印书馆 2007 年版.

38.［德］尼采.快乐的科学［M］.上海:华东师范大学出版社 2007

年版.

39. [德]尼采. 权力意志. 上下卷[M]. 北京:商务印书馆 2007 年版.

40. [德]尼采. 人性的,太人性的[M]. 北京:中国人民大学出版社 2007 年版.

41. [德]尼采. 朝霞[M]. 上海:华东师范大学出版社 2007 年版.

42. [德]尼采. 尼采全集[M]. 北京:商务印书馆 2010 年版.

43. [德]康德. 纯粹理性批判[M]. 北京:人民出版社 2004 年版.

44. [德]康德. 判断力批判[M]. 北京:人民出版社 2002 年版.

45. [德]康德. 实践理性批判[M]. 北京:人民出版社 2004 年版.

46. [德]康德. 未来形而上学导论[M]. 北京:中国人民大学出版社 2005 年版.

47. [德]康德. 法的形而上学原理[M]. 北京:商务印书馆 1991 年版.

48. [德]黑格尔. 小逻辑[M]. 北京:商务印书馆 1980 年版.

49. [德]黑格尔. 逻辑学[M]. 北京:商务印书馆 1976 年版.

50. [德]黑格尔. 精神现象学[M]. 北京:商务印书馆 1979 年版.

51. [德]黑格尔. 美学[M]. 北京:商务印书馆 1979 年版.

52. [德]黑格尔. 哲学史讲演录. 四卷[M]. 北京:商务印书馆 1959 年版.

53. [德]黑格尔. 哲学全书[M]. 北京:人民出版社 2006 年版.

54. [德]黑格尔. 法哲学原理[M]. 北京:北京出版社 2007 年版.

55. [德]马克思. 资本论. 三卷[M]. 北京:人民出版社 2004 年版.

56. [德]马克思恩格斯选集[M]. 北京:人民出版社 1995 年版.

57. [德]马克思恩格斯全集[M]. 北京:人民出版社 1998 年版.

58. [德]胡塞尔. 逻辑研究. 两卷[M]. 上海:上海译文出版社 2006 年版.

59. [德]胡塞尔. 第一哲学. 两卷[M]. 北京:商务印书馆 2006 年版.

60. [德]胡塞尔. 内时间意识现象学[M]. 北京:商务印书馆 2009 年版.

61. [法]阿尔都塞. 读资本论[M]. 北京:中央编译出版社 2008 年版.

62. [英]哈耶克. 通往奴役之路[M]. 北京:中国社会科学出版社 1997 年版.

63. [英]哈耶克. 哈耶克文选[M]. 南京:江苏人民出版社 2007 年版.

64. ［法］汤姆·洛克曼. 马克思主义之后的马克思［M］. 北京：东方出版社 2008 年版.

65. ［英］肖恩·塞耶斯. 马克思主义与人性［M］. 北京：东方出版社 2008 年版.

66. ［美］吉布森—格雷汉姆. 资本主义的终结［M］. 北京：社会科学文献出版社 2002 年版.

67. ［埃及］萨米尔·阿明. 资本主义的危机［M］. 北京：社会科学文献出版社 2003 年版.

68. ［美］卢克斯. 权力：一种激进的观点［M］. 南京：江苏人民出版社 2008 年版.

69. ［美］格拉切. 形而上学及其任务［M］. 济南：山东人民出版社 2008 年版.

70. ［法］笛卡尔. 第一哲学沉思集［M］. 北京：商务印书馆 1986 年版.

71. ［法］柏格森. 时间与自由意志［M］. 北京：商务印书馆 1958 年版.

72. ［法］梅洛·庞蒂. 知觉现象学［M］. 北京：商务印书馆 2001 年版.

73. ［英］霍布斯. 利维坦［M］. 北京：商务印书馆 1984 年版.

74. ［美］施特劳斯. 自然权利与历史［M］. 北京：生活·读书·新知三联书店 2006 年版.

75. ［英］罗素. 权力论［M］. 北京：商务印书馆 2006 年版.

76. ［英］埃德蒙·伯克读本［M］. 北京：中央编译出版社 2006 年版.

77. ［法］乔治·索雷尔. 论暴力［M］. 上海：上海人民出版社 2005 年版.

78. ［美］伯尔曼. 法律与宗教［M］. 北京：生活·读书·新知三联书店 1991 年版.

79. ［英］凯恩斯. 就业、利息和货币通论［M］. 北京：商务印书馆 1999 年版.

80. ［德］冯特. 人类与动物心理学讲义［M］. 西安：陕西人民出版社 2007 年版.

81. ［俄］车尔尼雪夫斯基文学论文选［M］. 上海：上海译文出版社 1998 年版.

82. ［德］阿伦特. 极权主义的起源［M］. 北京：生活·读书·新知三联书店 2008 年版.

83.［美］夏伊勒.第三帝国的兴亡［M］.北京：商务印书馆 1989 年版.

84.［美］彼得·得鲁克.管理的前沿［M］.北京：企业管理出版社 1988 年版.

85.［美］查尔斯·麦基.非同寻常的大众幻想与群众性癫狂［M］.北京：北京邮电大学出版社 2000 年版.

86.［美］詹明信.晚期资本主义的文化逻辑［M］.北京：生活·读书·新知三联书店,1997 年版.

87.［德］马克斯·韦伯.新教伦理与资本主义精神［M］.陕西：陕西师范大学出版社 2006 年版.

88.［法］鲍德里亚.消费社会［M］.南京：南京大学出版社 2008 年版.

89.［英］卡尔·波普尔.科学发现的逻辑［M］.北京：中央美术学院出版社 2008 年版.

90.［德］哈贝马斯.哈贝马斯精粹［M］.南京：南京大学出版社 2004 年版.

91.［德］哈贝马斯.合法化危机［M］.上海：上海人民出版社 2009 年版.

92.［德］哈贝马斯.理论与实践［M］.北京：社会科学文献出版社 2010 年版.

93.［德］哈贝马斯.现代性的哲学话语［M］.南京：译林出版社 2011 年版.

94.［法］雅克·德里达.多重立场［M］.北京：生活·读书·新知三联书店,2004 年版.

95.［法］雅克·德里达.声音与现象［M］.北京：商务印书馆 2010 年版.

96.［美］罗蒂.实用主义哲学［M］.上海：上海译文出版社 2009 年版.

97.［美］罗蒂.哲学、文学和政治［M］.上海：上海译文出版社 2009 年版.

98.［美］罗蒂.后形而上学希望［M］.上海：上海译文出版社 2009 年版.

99.［美］罗蒂.偶然、反讽与团结［M］.北京：商务印书馆 2003 年版.

100.［美］马尔库塞.单向度的人［M］.上海：上海译文出版社 2008 年版.

101.［美］约翰·罗尔斯.正义论［M］.北京:中国社会科学出版社 1988 年版.

102.［美］维纳.控制论(或关于在动物和机器中控制和通信的科学)［M］.北京:北京大学出版社 2007 年版.

103.［美］理查德·比特纳.贪婪、欺诈和无知:美国次贷危机真相［M］.北京:中信出版社 2008 年版.

104.［美］布鲁-格兰特.经济思想史［M］.北京:北京大学出版社 2008 年版.

105.叶秀山.前苏格拉底研究［M］.北京:社会科学出版社 2007 年版.

106.叶秀山.古希腊哲学新论［M］.广州:广东人民出版社 2007 年版.

107.晏智杰,劳动价值学说新探［M］.北京:北京大学出版社 2001 年版.

108.黎诣远.西方经济学［M］.北京:高等教育出版社 2007 年版.

109.北大外哲所教研室:西方哲学原著选读［M］.北京:商务印书馆 1982 年版.

110.李泽厚.批判哲学的批判［M］.北京:生活·读书·新知三联书店 2007 年版.

B. 外文参考书目:

1. Truman Capote. *Breakfast at Tiffany's*: *With House of Flowers*. Penguin Classics, 2000.

2. *The Postmodern Condition*: *A Report on Knowledge*. Minneapolis: University of Minnesota Press, 1984.

3. Deleuze, G. & Guattari, F. A. *Thousand Plateaus*: *Capitalism and Schizophrenia*. trans. B. Massumi. Minneapolis: University of Minnesota Press, 1987.

4. Thompson, G. *Economic Calculation and Policy Formation*. London: Routledge, 1986.

5. Smith, N. *Uneven Development*. Oxford: Basil Blackwell and Katz. c. 1993. *Grounding Metaphor*: *Towarda a Spatialized Politics*.

6. Massumi, B. *Translator's Foreword*: *Pleasures of Philosophy*, 1987.

7. Hayek. *Studies in Philosophy*, *Politics and Economics*. Chicago:

The University of Chicago Press，1978.

　8. Hayek. *The Constitution of Liberty*. Chicago：The University of Chicago Press，1980.

　9. Hayek. *Law，Legislation and Liberty：Rules and Order*. Chicago：The University of Chicago Press，1973.

　10. Friedrich List. *National System of Political Economy*. New York：Kelley，1966.

　11. Weber，M. *The Protestant Ethic and the Spirit of Capitalism*. trans. Talcott Parsons. London：Allen and Unwin，1930.

　12. Parsons，T. On the Concept of Political Power，*Proceedings of the American Philosophical Society*，1963a.

　13. Arendt，H . *On Violence*. London：Allen and Unwin，1970.

　14. Husserliana ⅩⅩⅧ，*Vorlesungen über Ethik und Wertlehre* (1908—1914). Ullich Melle（Hrsg.）Kluwer Academic Publishers，Dordrecht，Boston，London，1988.

　15. Ricardo，D. *On the Principles of Political Economy and Taxation*. Boston，London，2001.

　16. Aquinas，T. *Disputed Questions on the Virtues*. Trans. E. M. Atkins. Cambridge ：Cambridge University Press，2005.

　17. Heidegger，M. *Schelling's Treatise on the Essence of Human Freedom*. Trans. Joan Tombaugh. Columbus：Ohio University Press，1985.

　18. Plato. *The Collected Dialogues of Plato，Including the Letters*. Princeton：Princeton University Press，1973.

　19. Wood，A. W. Marx on right and justice：a reply to Husami, in M. Cohen，T. Nagel and T. Scanlon(eds)，*Marx，Justice and History*. Princeton：Princeton University Press，1980.

　C. 期刊中析出的文献：

　1.［法］F. 费迪耶、丁耘. 晚期海德格尔的三天讨论班纪要［J］，载《哲学译丛》，2001(3).

　2.［英］弗洛里迪. 什么是信息哲学［J］，载《世界哲学》，2002(4).

　3.［埃及］萨米尔·阿明. 帝国主义和全球化［J］，载《每月评论》，2001

(6).

　　4. 孙利天、刘梅. 内在与超越——内在意识形而上学的根本焦虑[J]，载《社会科学》，2006(12).

　　5. 孙利天、吴旭平. 后形而上学思想的确定性[J]，载《社会科学战线》，2011(1).

　　6. 吴旭平. 全球化资本主义危机实质[J]，载《学术论坛》，2010(8).

　　7. 唐凯麟、陈世民. 经济和人文脱节的不良后果——全球金融危机的伦理审视[J]，载《哲学研究》，2009(5).

　　8. 曹荣湘. 乔姆斯基对西方媒体的批判性分析[J]，载《国外理论动态》，2001(11).

图书在版编目（CIP）数据

力量的形而上学：马克思创造性生存理论的现代维
度 / 吴旭平著. —杭州：浙江大学出版社，2016.3
ISBN 978-7-308-15401-7

Ⅰ．①力… Ⅱ．①吴… Ⅲ．①形而上学—研究 Ⅳ．
①B081.1

中国版本图书馆 CIP 数据核字（2015）第 290652 号

力量的形而上学
　　——马克思创造性生存理论的现代维度

吴旭平　著

责任编辑	余健波	
责任校对	杨利军　　王荣鑫	
封面设计	周　灵	
出版发行	浙江大学出版社	
	（杭州市天目山路 148 号　邮政编码 310007）	
	（网址：http://www.zjupress.com）	
排　　版	杭州好友排版工作室	
印　　刷	杭州日报报业集团盛元印务有限公司	
开　　本	710mm×1000mm　1/16	
印　　张	11	
字　　数	186 千	
版 印 次	2016 年 3 月第 1 版　2016 年 3 月第 1 次印刷	
书　　号	ISBN 978-7-308-15401-7	
定　　价	40.00 元	

版权所有　翻印必究　印装差错　负责调换

浙江大学出版社发行中心联系方式：（0571）88925591；http://zjdxcbs.tmall.com